# 抗日英雄小故事系列

## 李家珏

邓楠 编著

周东升 汪铮 主编

团结出版社

图书在版编目（ＣＩＰ）数据

李家珏 / 邓楠编著. -- 北京 ：团结出版社，
2014.12
（抗日英雄小故事系列 / 周东升，汪铮主编）
ISBN 978-7-5126-2994-3

Ⅰ．①李… Ⅱ．①邓… Ⅲ．①李家珏（1892～1944）
－传记－青少年读物 Ⅳ．①K825.2-49

中国版本图书馆CIP数据核字(2014)第 165714 号

出　版：团结出版社
　　　　（北京市东城区东皇城根南街 84 号　邮编：100006）
电　话：(010) 65228880　65244790　（出版社）
　　　　(010) 65238766　85113874　65133603（发行部）
　　　　(010) 65133603（邮购）
网　址：http://www.tjpress.com
E-mail：65244790@163.com（出版社）
　　　　fx65133603@163.com（发行部邮购）
经　销：全国新华书店
印　装：北京艺堂印刷有限公司

开　本：170mm×240mm　　　1/16
印　张：7.75
字　数：71 千字
印　数：3000
版　次：2015 年 8 月　第 1 版
印　次：2015 年 8 月　第 1 次印刷

书　号：978-7-5126-2994-3
定　价：16.00 元

# 目　录

第一章　投笔从戎 ……………………………………… 001

第一节：李家有子初长成 ……………………………… 001

第二节：发奋读书报家恩 ……………………………… 006

第三节：投笔从戎卫家国 ……………………………… 011

第二章　蜀地豪杰 ……………………………………… 016

第一节：英勇学生军 …………………………………… 016

第二节：军阀大混战 …………………………………… 021

第三节：积极应北伐 …………………………………… 030

第四节：心怀天下民 …………………………………… 036

第三章　请缨出川 ……………………………………… 044

第一节：艰苦行抵黄河岸 ……………………………… 044

第二节：东阳关、长治之役 …………………………… 049

第三节：安邑城怒斩团长 ……………………………… 061

第四节：中条山"六六"战役 ………………………… 064

001

抗日英雄

李家钰

第五节：学习八路勤练兵 ⋯⋯⋯⋯⋯⋯⋯⋯⋯⋯⋯⋯ 069

第四章　豫中会战 ⋯⋯⋯⋯⋯⋯⋯⋯⋯⋯⋯⋯ 077

第一节："筑起"血肉长城" ⋯⋯⋯⋯⋯⋯⋯⋯⋯⋯ 077

第二节：计策未被采用 ⋯⋯⋯⋯⋯⋯⋯⋯⋯⋯⋯⋯ 081

第三节：多军"会师"翟涯 ⋯⋯⋯⋯⋯⋯⋯⋯⋯⋯ 088

第四节：川军自愿殿后 ⋯⋯⋯⋯⋯⋯⋯⋯⋯⋯⋯⋯ 093

第五节：黄呢装鼓士气 ⋯⋯⋯⋯⋯⋯⋯⋯⋯⋯⋯⋯ 097

第五章　英勇殉国 ⋯⋯⋯⋯⋯⋯⋯⋯⋯⋯⋯⋯ 101

第一节：秦家坡殉国 ⋯⋯⋯⋯⋯⋯⋯⋯⋯⋯⋯⋯⋯ 101

第二节：敢死队抢尸 ⋯⋯⋯⋯⋯⋯⋯⋯⋯⋯⋯⋯⋯ 104

第三节：将军的遗物 ⋯⋯⋯⋯⋯⋯⋯⋯⋯⋯⋯⋯⋯ 107

第四节：颂其相将军 ⋯⋯⋯⋯⋯⋯⋯⋯⋯⋯⋯⋯⋯ 111

抗日英雄
小故事

# 第一章　投笔从戎

## 第一节　李家有子初长成

1892 年这一年的春天来得特别早，阳光和煦，春风拂面，河水叮咚作响，唱着愉悦的歌儿欢快地流淌着。这是农历 3 月 29 日，在四川省浦江县大兴乡窗子坝村的一个农家里，院子里的黄桷树已经长了绿油油的叶子，一派生机盎然的景象。院子靠边的一个房间里，一个女人正在承受着分娩的痛苦。屋里有一张床，女人正躺在床上痛苦地叫着，床边有一盆热水，产婆拿着热毛巾一边帮女人擦汗，一边冲女人喊着："用力！用力！快出来了，快出来了！"她的丈夫李如松在房门前抽着大烟，等待着李家又一个新生命的降生。虽已不是初为人父，但是这是次妻熊淑贞为自己生的第一个孩子，李如松还是在门口等待着，期望着母子平安。随着屋内传来一声婴儿的啼哭，熊淑贞顺利产下了一名男婴，这名男婴长得十分可爱，父母都非常喜欢，他们给孩子起名为"李家钰"。这个刚出生的婴儿便是日后在抗日战争中英勇无畏，在豫中会战中壮烈殉国的国民党上将军官——李家钰。当然，这都是后话。李家钰的出生除了给李家添了一口人丁，对李家的日常生活来说并没有太大的变化。

抗日英雄
李家钰

李家钰将军的父亲李如松是家里的次子，主要靠经营油坊养活一家，同时兼打蓝靛，家里还有田地三十二亩，李家在当地也算是比较殷实的家庭。李如松娶妻王氏，生有两男（李家泉、李家法）两女；后来又娶了熊淑贞为次妻，生了三个儿子：大儿子就是李家钰，二儿子取名李家沣，小儿子取名李家英。由于父亲忙于经商，而他又是次妻所生，李家钰的童年生活大多是在母亲的陪伴下度过的。李家钰很喜欢母亲，常依偎在母亲怀里，央求她给自己讲故事。有一天，母亲给李家钰讲大英雄岳飞的故事。

母亲讲道："岳飞少时勤学好问，并且练就了一身好武艺，19岁的时候投军抗辽。"

李家钰便忍不住打断母亲，充满向往地说："娘，我也要学武！我也要练就一身好武艺！你看！"说着，他还在一旁有模有样地打起拳来。

母亲忙制止并且宽慰他，道："你还小，等你长大了再学。"

"娘，岳飞之后怎么样了？"李家钰忍不住好奇地问。

"没过多久，由于岳飞的父亲过世，岳飞只能退伍还乡为父守孝。但不久之后金兵大举入侵中原，岳飞便再次投军了，开始了他抗击金军、保家卫国的戎马一生。岳飞临行之前，他的母亲在他的背上刺了'尽忠报国'四个大字，希望他能够以此为信条，衷心报效祖国。岳飞在抗金期间率领岳家军打了无

数胜仗，不过最后却被奸人陷害，被朝廷杀害了。"

李家钰听得津津有味，忍不住赞叹说："娘，岳飞真是个大英雄，您也在我背上刺字吧，我也想成为大英雄！那些坏人真是可恶，我要为岳飞报仇！"

母亲被李家钰弄得有些哭笑不得，抚摸着李家钰的头，说："儿啊，当大英雄不一定要刺字的，你好好念书，将来也能成就一番事业的。那些坏人早就不在，你还找谁报仇去？"

"那我就不报仇了，但我要做大英雄，把坏人都杀光。"此时的李家钰牢牢地记住了"尽忠报国"四个字，虽然对于这四个字他并没有深刻的理解，但年幼的李家钰心里十分崇敬这位大英雄，并以他为楷模，立志也要做一个"尽忠报国"的人。

由于不是同母所生，李家钰从小就跟哥哥玩不到一处，而是与自己同母的两个弟弟要好。李家钰小时候还很调皮，但作为兄长，他很照顾两个弟弟，有什么好吃的好玩的都会跟两个弟弟分享。在李家的院子里有一棵大黄桷树，那里便是他们兄弟三人的游乐场和"秘密基地"。他们时常攀上树头，在树上一坐就是一个下午，直到母亲来叫他们吃饭也不肯离开。一天下午，兄弟三人又坐在黄桷树上晒太阳，一只不知名的小鸟从树上掉了下来，弟弟李家沣看着喜欢，便想跳下树去捡，却不小心扭到了脚，疼得直哭。李家钰见状，忙将小弟弟李家英抱着跳下树，又连忙跑去看李家沣的情况，同时让李家英去找母亲过来。母亲将李家沣抱进屋之后，李家钰捧起小鸟带回家，并给它受伤的翅膀进行了简单的包扎。之后，在李家三兄弟的精心照顾下，这只小鸟很快就康复了，飞回了大自然的怀抱。

到了念书的年纪，父母便把李家钰送到本乡黄辉五先生那里读私塾。在私塾里，李家钰聪明好学，成绩优异，深得黄先生的喜爱。李家钰很喜欢读书，所以李家钰经常到黄先生家里看书，而且时常把书借回家里看。有一次，李家钰从黄先生家中借了书回家看，由于弟弟李家英调皮，不小心把书碰掉到地上弄脏了。李家钰连忙把书捡起来，小心翼翼地擦拭，但却怎么也恢复不了原貌，他非常懊恼，但又不忍心训斥弟弟，只能自己默默地一遍又一遍小心地擦着书，试图让它看起来整洁一些。还书的时候李家钰都不敢把书拿给黄先生，觉得很对不起先生。李家钰把书递给了黄先生，很不好意思地对黄先生说："先生，我很抱歉，我把书弄脏了，您责罚我吧"，然后便怯生生地站在那里，等待着先生的责骂。黄先生问清楚了事情的始末，看了看书，便一脸严肃地说："书虽然是你弟弟弄脏的，但是，是你没有保管好，所以我要责罚你。就罚你到我那里再多看10本书好了。"黄先生说完，笑着摸了摸李家钰的头。李家钰听到这样的"责罚"，开心得跳了起来，这样的"责罚"对李家钰来说真的是求之不得，他原本的紧张和害怕一下子烟消云散了。此后，李家钰每天都在这样的"责罚"中寻找着快乐。

从那以后，李家钰更是爱上了读书。李家钰聪明伶俐，学习刻苦，学东西特别快，先生教一遍便能记个十之八九，先生喜欢他，其他的孩子羡慕他。他俨然成了"孩子王"，调皮的天性又开始显露。先生在讲课，他就在底下摇头晃脑地跟着念；先生给大家讲解课文，他就会提出不同的见解，或者提一些古灵精怪的问题，跟先生"唱反调"，弄得先生下不了台。不过他的问题确实值得思考，经常难倒先生，先生对李家钰是既喜爱又无奈，拿他没有办法。李家钰很喜欢看《论语》，里面的很多言论都对他感染很深，使他深受启迪。"温故而知新"成为李家钰当时读书的动力，他在书的海洋里自由翱翔，享受着读书的乐趣。

更有趣的是，李家钰在学习《诗经》的时候发现了自己名字的由来。他发现他的名和字均出自《诗经》。《诗经·大雅》中这样一句："追琢其章，金玉其相"，"金"和"玉"加起来正好是"钰"字，而"其相"正是他的字。

## 第二节　发奋读书报家恩

1903 年，家里给李家钰娶了一个童养媳，名叫刘湘云，她当时只有 17 岁。童养媳就是把未成年的女孩子送养或卖到别人家，由他们抚养，长大后与抚养家的儿子正式完婚，结为夫妻。在当时，人们认为娶一个童养媳既能传宗接代又能增加家中劳动力，一举两得；而生女儿的人家则会认为女孩子都是赔钱货，早点儿嫁出去为好。所以，当时的农村地区，家里有儿子的找一个童养媳是普遍现象，在稍微有钱一点儿的家庭更是常见。刘湘云是乡里刘光宗的女儿，是个典型的农村女子。她天资聪颖，性情温和，从小就管理家政，为人老实本分，笃守为人女的本分，深得父母的喜爱。刘湘云嫁到李家后，也很尊敬父母长辈，操持家政，是劳动的一把好手，对李家钰也非常好。由于年纪比李家钰大，她在李家钰的生活中更像是一个悉心照顾弟弟的姐姐。

当时学堂离李家比较远，而乡村小路又泥泞不堪，走起来十分艰难，刘湘云怕李家钰不去上学，或者贪玩耽误了上学，就每天陪着他往返于家和学校之间，在这条泥泞小道上留下了无数两人并肩而行的脚印。为此，李家钰却很恼火，时常向母亲抱怨："你们给我找媳妇儿干嘛，每天都跟着我，同学们看见会笑话我的。"母亲十分喜爱乖巧懂事的湘云，便对儿子说："湘云也是为了你好啊，你一定要努力念书，不要给李家抹黑，娘这一辈子就指望着你们兄弟三人了。"见在母亲那里得不到安慰，李家钰便把气都撒到了刘湘云身上。李家钰在前面走着，见到刘湘云跟在他后面，心中十分不爽，便趁刘湘云不注意，躲进路边草丛里。刘湘云发现李家钰不见了，便到处寻找，却

抗日英雄
李家钰

找不到，心里十分焦急，一路走一路不停地张望，却怎么也找不到李家钰的身影。而此时李家钰呢，则已经开开心心连蹦带跳地偷偷跑到学堂去了。有时候，李家钰走着走着会突然一阵狂奔，害得刘湘云在后面好一顿追赶，跑得上气不接下气，看着刘湘云累得满脸通红，李家钰便会停在路边乐得上气不接下气，笑得满脸通红。如此的追逐打闹在刘湘云陪着李家钰上学的路上还有很多，尽管当时的他们都还年幼，尚不知什么叫作爱情，但是这份无私的陪伴与默默的付出也成为两人之间的情感羁绊，两人举案齐眉、相敬如宾，这样的家庭也有他们的幸福。

　　1905 年，李家钰的父亲李如松突然得了重病，大夫都说没有希望了，只能一天一天地数着过日子了，整个李家笼罩在悲伤的氛围里。李如松每天只能躺在床上，身体已不能下地活动，呼吸也变得很弱，但意识还很清醒。一天傍晚，李如松把李家泉和李家钰兄弟二人叫到自己的床边，一边咳嗽，一边将兄弟二人的手握在一起，语重心长地说："我的儿啊，爹知道自己大限将至了，咳咳咳……"兄弟二人忍住眼泪，宽慰父亲道："爹，您别瞎说，您很快就会好的，您还要长命百岁呢。您要是去了，这个家可怎么办啊！"父亲摇摇头，对大哥李家泉说："爹的身体，爹最清楚了。家泉，你是家里的老大，以后这个家就交给你了。你一定要照顾好母亲和弟弟妹妹，这个家以后就靠你了。"说完，李如松又摸摸李家钰的头，眼中闪着希望的光芒，说："家钰啊，爹心里一直有个未完成的心愿。你的祖父一直没能考上秀才，临死之前都感到很遗憾，而你爹和你叔伯也没有能帮他实现心愿。咳咳咳……如今我也快要入黄土，儿啊，以后一切都靠你了，你一定要发奋读书，考取功名，将来好光耀我李家的门楣。李家的今后，就看你的了！"李家钰抚着父亲的后背，声音有点哽咽，"爹，您少说点话吧，好好休息，您一定会好起来的。"李如松抓紧李家钰的手，咳嗽不止地说："咳咳咳……儿啊，答应爹，咳咳咳……不然爹到了黄泉也不得安宁，咳咳咳……""爹，您别说了，我答应您就是了，我答应您，我一定好好读书，我一定会有出息！"李家钰哭着答应了父亲的请求。李如松见李家钰答应了他的遗愿，便说自己有些累了，要睡了，让兄弟二人也回各自屋里休息。第二天一早，李家钰像往常一样给父亲送早饭，但不管他怎么叫，怎么摇父亲，父亲都没有再睁开眼睛。"爹……"李家钰一声吼叫，家里人都跑到李如松床前，霎时间哭声喊声覆盖了李家的天。李家的天，就这样塌了。

李如松去世了，这对整个家庭来说是一个巨大的打击。母亲在父亲去世之后终日茶饭不思，精神十分不好。李家钰十分心疼母亲，却也没有什么办法。遭受了如此打击，李家钰仿佛一夜之间长大了，上学不再需要刘湘云的陪伴，他还让妻子在家好好照顾母亲，他自己也更加勤奋好学了，每每下课都会向先生请教一些不懂的问题，就连走在路上手里也拿着书本。他要为母亲撑起一片天，他要实现父辈们未能完成的心愿，他要实现他对父亲的承诺。

1906 年，李家钰以优异的成绩考入蒲江县县立高等小学堂乙班，开始接受更加系统全面的教育。当时，李家钰性格沉静，发奋学习，成绩一直名列前茅。不过李家钰热爱读书的习惯还是没有变，在那里他有了更加广泛的阅读空间，他非常热衷于《春秋左传》《孙子兵法》等军事历史类书籍，十分欣赏孙武的才智和谋略。他清醒地认识到，有勇有谋才能成大事。

李家钰还很乐于助人，经常帮助家庭困难的同学。李家钰有个叫余世德的同学，和李家钰同桌三年，但他家里贫困，经常交不起学费，李家钰便央求家人接济他，借钱给他交学费，李家钰还经常用自己的零花钱给余世德买一些学习用品，或者在吃饭的时候把自己碗里的肉拨给余世德吃。余世德很感激李家钰对自己的帮助，但他没有什么能够回报的，只要李家钰有什么事，他便第一个冲上前去帮李家钰做一些自己能做到的事。有一次李家钰忘了带课本，余世德便把自己的课本给了他，然而当老师提问余世德时，余世德却答不出来，又见他没有课本，老师很生气，责备了余世德一顿。为此，李家钰觉得很对不起余世德，想去找老师解释清楚，但余世德制止了他，说："没事的，不用在意，是我自己没学好，答不出老师的问题，跟你没有关系，不要放在心上，我们是好朋友嘛！"李家钰非常感动，点点头说："我们是好朋友！"由于李家钰为人友善，与同学打成一片，同学们都很喜欢他。有一次考试，李家钰忘了带橡皮，正在他焦急地四处寻找的时候，附近的同学都把自己的橡皮借给了他。等李家钰考完试的时候，他手里的橡皮已经有五六块了。

当时学校的校长袁文卓是个日本人，十分赏识李家钰，经常向他介绍一些新思想。李家钰开始认识到知识对改变国家命运、改变个人命运的重要性。新思想在李家钰的心中生了根发了芽，在以后的日子里，李家钰按着自己的"新思想"朝着自己的新道路努力前行。

## 第三节　投笔从戎卫家国

1909 年秋，李家钰顺利从蒲江高等小学堂毕业。当时，中国连续遭受各帝国主义国家的侵略，面临着内忧外患的艰难境地。面对这样的家国困境，受到"新思想"影响的李家钰满腔热血无处发泄，便毅然决定投笔从戎，考入了四川陆军小学，决定以从军的方式报效祖国。

李家钰决定考四川陆军小学，与小时候母亲给他讲的那些英雄故事有很大关系。而在私塾的学习让他爱上研究兵法，但

都还处在"纸上谈兵"的阶段，他希望能够找一个地方，能够让他自己的想法变成现实，找到一个属于自己的"英雄用武之地"。在决定报考四川陆军小学之前，李家钰常常躺在床上思考着自己的人生未来。他回忆起父亲临终前的嘱咐，他想起母亲对他的教诲，岳飞背上的"尽忠报国"四个大字刻在了他的心里。"战争并非是我所愿，但如今的中国只有通过武力扫除外患才能解决内忧，才能真正独立强大起来。但父亲希望我考取功名、光耀门楣，而现在的世界已不是读书人的纸上空谈可以改变的，我还是从军去吧，将来成就一番大事业，也算是光耀门楣了。"思前想后，李家钰最终决定从军，为国为家为人民，也为了自己。

四川陆军小学是 1908 年 12 月四川总督赵尔巽在成都北校场创办的，招收 15 岁到 18 岁青年入学，每年只招取学生 100 人，学制三年，共招了五期。清政府为编练新军，在训练陆军军官方面规定各省设立陆军小学，四川陆军小学就是其中之一。

　　然而李家钰的从军路却没有那么容易。为了报考四川陆军小学堂，李家钰沿着三尺宽的石板小路走了三天才到达成都，还差一点儿就耽误了考试，不过李家钰还是顺利通过了考试。而自父亲李如松去世以后，家里的财政大权就由大哥李家泉掌控着，家中一切财政支出都得经过他的同意。四川陆军小学设在成都，李家泉看不起同父异母的弟弟，他认为父亲在世的时候偏爱李家钰，便不愿意出钱供他上学，就更不用说拿钱给他作路费去成都了。李家钰几乎都不能去上学了。

　　为了能够去学堂学习，李家钰态度诚恳地去求哥哥李家泉："哥，你就让我去吧，学校每年只招 100 个学生，我好不容易才考上的。哥，我求你，看在去世的爹的面上你就让我去吧！"

　　"家钰啊，不是哥不让你去，家里的钱实在是负担不起你去成都上学啊。你是不当家不知道柴米贵啊，哥又要照看生意，又要照顾家里，这钱来得真是不容易啊。你也知道，爹过世之后，家里的钱都是我在管着，每一笔支出都要花在刀刃上啊。要不这样，等明年，明年哥有钱了再送你上成都上学。你不能

抗日英雄
李家钰

让哥为难不是？"

"哥，我知道你当家不容易，我一定会用功念书的。我不想错过这次机会，这样吧，你只给我学费，去成都的路费我自己想办法。"李家钰仍不气馁。

"家钰啊，你要知道当哥的难处，这么多弟弟妹妹，我要一碗水端平对吧。哥先去忙了，去成都的事你再好好考虑考虑。"说着便转身离去。李家泉本无意让李家钰去成都，便借故走开了。

李家钰的亲生母亲也希望自己的儿子能去成都学习，便也找过李家泉，希望他能够给李家钰一个机会。但李家泉并不为之动容，仍然坚持己见，不愿意出钱让李家钰去成都。

尽管李家钰在哥哥那里碰了壁，但上天还是眷顾李家钰的，没有让这位未来的将军还未崭露头角便就此"夭折"。一个偶然的机会，父亲生前的好友陈鹤顺无意中得知此事。他是从小看着李家钰长大的，认为李家钰是个可塑之才，并且认为李家钰的选择也很正确，便伸出援手资助了李家钰一笔学费，同时还求得姑母吴大娘的资助。于是，李家钰才得以踏入四川陆军小学的大门，开始了自己的从军生涯。因此，李家钰也十分珍惜这来之不易的学习机会。而且在今后的日子里，想尽办法报答家父老友和姑母吴大娘。

四川陆军小学设在成都北校场，李家钰与彭县人李宗昉同为第四期的学生。除了学习军事典范之外，还学习普通的中学课程和英、法、德、俄、日等外语。在此期间，李家钰受到革命派的影响，接受了孙中山民主革命的宣传，逐渐萌发了革命思想。

抗日英雄
李家钰

# 第二章　蜀地豪杰

## 第一节　英勇学生军

　　1911 年，辛亥革命爆发。同年，四川发生了"保路运动"，全川 142 个州县的工人、农民、学生和市民等纷纷投身于"保路运动"，保路同志会的会员不到 10 天就发展到 10 万人，掀起了群众性的反帝爱国热潮。李家钰积极参加学生军，投身革命，响应革命。当时，商人罢市，学生罢课，人民抗租税，学生纷纷上街参与示威游行，由学生引起的群众性游行参与人数越来越多，一时间，四川城内的街上人山人海，蔚为壮观，李家钰也是其中的一员。

　　当时，学校里这些充满爱乡情怀的学生都不愿意再上课，认为坐在教室而不管不顾不是一个当代知识分子应该做的。李家钰等再也坐不住了，与陆军小学堂的同学们在学校也成立了同志会，加入到了轰轰烈烈的"保路运动"中。

　　每天晚上，在王铭章的召集、李家钰的主持下，同学们经常坐在操场的一角一起商讨如何开展运动。王铭章是李家钰在学校的好友，也是国民党有名的抗日将领，在日后的徐州会战中，因誓死保卫滕县而牺牲殉国。王铭章虽然牺牲了，但为此后台儿庄大捷的胜利奠定了基础，后来被国民政府追

抗日英雄小故事

赠为陆军上将。

　　这一天晚上，同学们又聚集在一起开会，商量怎么对付学校的姜总办。姜总办名叫姜登选，是清政府委任的学监。李家钰、王铭章等曾找到姜总办，希望他同意同学们参加"保路运动"，姜总办非但没有同意，还把他们臭骂了一顿："你们都是朝廷培养的人才，应该效忠朝廷。铁路收归国有是朝廷已经定下的政策，你们要是还要抵抗就是违抗朝廷的命令，我会让人把你们都抓起来。你们不要再胡闹了，都回去吧。"受到姜总办的阻挠，大家决意要把姜总办赶出学校，由于李家钰等人即将毕业，要去凤凰山接受训练，大家便推举王铭章为这次活动的负责人。

　　王铭章和同学们首先在学校张贴"打倒姜登选"的标语，鼓动学校的学生一起来反对姜总办。姜登选得知此事后非常愤怒，立即向督军署求助，说有人在学校煽动学生闹事。不久，

便有一队警察来到学校，他们封锁了学校的大门，禁止学生出入，还把标语全都撕掉了。有时候，他们甚至在学生上课的时候冲进教室把一些学生拖出去打一顿。而参加这次反姜活动的学生还被勒令退学。但王铭章和同学们并没有因此而退缩，他们又开始了新的抗争，他们又组织学生罢课，以抗议学校的行为。

　　然而罢课还是没有成功，王铭章等人陷入了孤立无援的境地。不久，李家钰等毕业班的学生回来了，王铭章便找到李家钰商量对策。王铭章非常自责，认为这次活动失败都是自己的过错，"这次的活动没有成功是我的错，我不应该只把矛头对准姜登选而忽略和外界的联系。还害得那么多同学受牵连，被打还被勒令退学，我真是对不起他们。"面对王铭章的自责，李家钰安慰并鼓励他，道："这是大家一起商量决定的，不能怪你一个人。要怪就怪姓姜的太狠毒，居然这样对待学生。我们要成立'陆军小学保路同志会'和其他的保路组织联系在一起，大家一起努力，一起对抗他们。我们这么多人，众人拾柴火焰高，相信一定会有办法的。"王铭章很赞同李家钰的想法，并且建议道："晚上我就和同学们说去。我还可以联系西安和南京陆军中学的四川同学，争取得到他们的支持，人越多，参与的面越广，我们成功的几率就越大。"李家钰很赞同。于是，王铭章找到了西安和南京陆军中学的四川同学，并告诉了他们成立"陆军小学保路同志会"的想法，得到了大家的支持。

第二天，李家钰、王铭章等在学校贴出"四川陆军小学保路同志会成立宣言"，号召学校同学加入其中。意料之中，这事又惹怒了姜总办，他召开全校大会，说要严查此事。但却没能阻挠李家钰和伙伴们前进的步伐，他们积极发展人员，并与其他保路组织取得联系。

四川省的总督王人文见"保路运动"在社会各界风风火火地进行着，已经到了无法控制的地步了，就向朝廷申请延缓收路的时间。没想到的是，清政府却把王人文革了职，流放到新疆，并派赵尔丰担任四川总督。赵尔丰初到任时，也曾一度认为"四川百姓争路是极正常的事"，一面开导民众，一面通电请求"筹商转圜之策"。但清廷对赵尔丰等的通电置之不理，反而要求赵尔丰解散群众，切实镇压。赵尔丰无奈，只能忠实地执行清廷的旨意。1911 年 9 月 7 日，赵尔丰以到督署看电报为由，将应约而来的同志会领导人张澜、蒲殿俊、罗纶等 9人诱捕。消息一传出，便激起了人民的强烈不满。李家钰等人听到这个消息以后，决定一起参加同志会组织的请愿活动，要求赵尔丰释放蒲殿俊等人。但没有想到的是，赵尔丰竟然下令开枪，对准了请愿的民众，制造了震惊全国的"成都血案"。最终，有 32 人死在了赵尔丰的手上，受伤的群众更多。血案

抗日英雄
李家钰

发生后，各地同志军闻而起义，李家钰等人也加入其中，不过一个月，四川大半州县被保路同志军攻占，清军处处失利，四面楚歌。10月10日，武昌起义爆发。这更激发了四川人民坚持斗争的决心，赵尔丰走投无路，只能释放蒲殿俊等人并交出政权，以求自保。11月27日，四川宣布独立，蒲殿俊任都督，姜总办也终于灰溜溜地下了台，李家钰和同学们取得了胜利。

1912年，四川设立四川陆军军官学校，原陆军小学堂第四期、第五期学生总共200人全部转入四川陆军军官学校，李家钰成为四川陆军军官学校第一期学生，与罗泽洲、张俊夫等人成为了同学。

1913年3月，袁世凯为了实现复辟帝制的美梦，派人暗杀了宋教仁。5月6日又下达所谓的"除暴安良"令，诬蔑反袁的政党是"乱党"，革命党人是"乱民"。四川都督胡景伊也甘当袁世凯的走狗，在袁世凯的命令下，残酷镇压反袁运动，追杀反袁革命党人，当然对陆军军官学校更是严加控制，禁止任何学生谈论政治和阅读进步书刊，违者就会被开除。当年春，李家钰联合了一批爱国同学愤然离开学校，远赴汉口，顺流而下直到南京，入南京陆军军官预备学校，在那里继续学习。

1913年7月，孙中山、黄兴等革命党人发动了讨伐袁世凯的"二次革命"，李家钰赶赴上海，参加柏文蔚组织的将校团，积极参与斗争。18 日，在攻打上海华龙制造局的战斗中，李家钰奋不顾身，作战最勇，得到了嘉奖。但二次革命最终以失败告终，李家钰得不得回到四川。1914 年，李家钰再次考入四川陆军军官学校第三期继续学习。

1915 年，李家钰顺利从军校毕业，被编入刘存厚的四川陆军第 2 师，任见习排长。他平易近人，能与士兵打成一片，带出来的部队作战勇猛，深得长官们的夸奖。1916 年，袁世凯称帝，李家钰在川南参加了护国战争。他英勇善战，所带的队伍也出类拔萃。不久，李家钰升任陆军第 2 师独立旅第 2 团第 3 营营长，成为邓锡侯的部下。邓锡侯年轻有为，后来在四川成就一股强大的军事力量。

## 第二节　军阀大混战

辛亥革命之后，袁世凯窃取了革命胜利果实，中国进入北洋军阀统治的黑暗时期，四川形成了军阀混战的局面。在这样的混乱年代，李家钰经过多年的摸爬滚打，逐渐成就了自己的事业。

1917 年，进驻四川的滇军将领罗佩金被任命为四川督军，罗佩金想要裁减刘存厚的部队，刘存厚听闻之后大怒，他不想任人宰割，便决定先发制人，打着"将滇军、黔军逐出成都"的旗号，与罗佩金在成都开战。邓锡侯率部阻击罗佩金有功，并处决了扰民的黔军旅长熊其勋，受到了刘存厚的嘉奖。李家钰在这期间表现特别突出，成为邓锡侯的得力干将。刘存厚是典型的墙头草，先后归附投降蔡锷、张勋、段祺瑞等人，被称为"刘厚脸"，很不得人心。邓锡侯便带着李家钰等有志之士脱离刘存厚，进入了第3师师长向育仁的部队，并参加了靖国军，拥护孙中山的护法战争。

同年，李家钰娶了蒲江县一个名叫安淑范的女人为次妻。由于四川连年军阀混战，李家钰很少回家，妻子与他是聚少离多，但安淑范为李家钰在家乡创下的功绩很多，是位上得厅堂的不可多得的贤内助。

李家钰知人善任，唯人才是用。当时邛崃回龙场有一个袁姓人开的旅馆，由于老板娘能言会道、轻财重义，店里商客云集，李家钰也是袁家店的常客。1917年，李家钰到各县招收人马，专程去了一趟回龙场袁家店。袁家有两个儿子，一个叫九成，一个叫庚九，李家钰动员兄弟二人参军，袁母也非常支持。袁九成从小聪敏，办事有力，深得李家钰的重用。

当时李家钰驻防的地方发生了一起杀人案，被杀的人是李家钰下属的一个连长，名叫王松山。王松山在当地娶了一个姑娘为妻，新娘接进门揭下盖头，王松山才得见新娘的长相。这不揭不知道，一揭吓一跳，这新娘的长相令王松山十分嫌弃，新娘连花轿都没下，王松山就让轿夫将新娘抬了回去。女方家见新娘被退回，认为受到了奇耻大辱，便怀恨在心，于是商量着策划一个计谋将王松山杀死。女方家派人改名换姓混进了王

抗日英雄
——李家钰

松山部队当兵，并且取得了王松山的信任，见时机成熟，便在一天夜里将王松山杀死，带着枪逃跑了。李家钰得知此事后，便派袁九成来负责此案。袁九成办事效率很高，很快就将凶手一一捉拿归案，枪支也全部追了回来。李家钰很高兴，重赏了袁九成。

　　1920年，邓锡侯升任四川陆军第3师师长，李家钰成为

第 12 团团长。第 3 师先后驻防成都、广汉、保宁等地，期间，四川军阀混战连连，邓锡侯在此期间壮大起来，逐渐形成一支独立的军事力量。李家钰也在邓锡侯手下羽翼日丰，实力逐渐壮大。

1922 年，第 3 师在邓锡侯率领下进驻重庆，12 月，李家钰升任第 3 师第 6 旅旅长。不久，四川陆军总司令兼省长刘成勋为了巩固自己的统治地位，想要除掉邓锡侯，就秘密挑拨邓锡侯的两名旅长反邓。但事情败露，邓锡侯将这两名旅长关押起来，并联络唐廷牧、田颂尧等师长反刘。1923 年 3 月，李家钰奉命率兵直抵成都，经过两夜一昼 280 里的跋涉，李家钰到达成都北门。刘成勋看到"从天而降"的大军，惊慌失措，顿时乱了方寸，不知道该如何应对。不久，李家钰便攻下了成都，邓锡侯进驻成都。此后，邓锡侯又遭到熊克武的攻击，被迫撤离成都。1923 年冬，邓锡侯再度攻占了成都。1924 年 5 月，北洋政府论功行赏，李家钰因战斗有功，升任四川陆军第 1 师师长。

1925 年，在吴佩孚的支持下，杨森发动了"统一之战"，攻打陈国栋、赖心辉、刘成勋、陈洪范、刘文辉等军阀，占领了 72 个县，拥兵 29 个师、12 个混成旅。于是，刘湘、邓锡侯、袁祖铭、刘文辉、田颂尧组成倒杨联军，与杨森展开激烈斗争。结果显而易见，杨森溃败。李家钰在此次战役中击溃了杨森第

3 师两个团，攻占了荣昌、内江、资中、仁寿等地。杨森第 4 混成旅旅长李逢春带领整个旅全部归入李家钰部下，缴械接受李家钰的改编。

杨森溃败后，联军开始分赃，刘湘、刘文辉、邓锡侯、田颂尧成为四川军阀"四巨头"。李家钰战功显赫，在成都占据了四川烟酒总局和造币厂，并获得大片防区，实力大增。

值得说道的是，李家钰入主造币厂之后，为了铸造更多的钱币，还曾经把成都大慈寺里的药叉、药师佛铜像等都化成了铜元，充作军饷。但他没有动寺里的被称为"镇海"之宝阿弥陀佛铜像。这个铜像重 6 千克，如果用来化为铜元，可以当作好几个月的军费。但据说这尊铜像有海眼不能轻易动它，否则成都就会被水淹，李家钰便不敢轻举妄动。当时成都的幽默大师为此还写了一副对联："两眼瞪着天，准备今朝淋暴雨。双手捏把汗，谨防他日化铜元。"不过可惜的是，这尊"镇海"铜像还是没有逃过被炼化的劫难，不过它不是毁于李家钰之手，而是在 1958 年的"大跃进"运动中被送进了炼钢炉之中。

当时，四川陆军军官学堂的毕业生比起其他军官学校的毕业生待遇差很多。1926 年春，李家钰与罗泽洲等人在成都组织群益社，联络川军军官中四川陆军军官学堂其他几期的毕业生及蜀军将弁学堂速成队的同学，以同学相号召，互相联系，彼此照应，不断接收来自各方面的军官学堂同学，形成"军官

025

抗日英雄

李家钰

系"，与川军中已有的"保定系"、"武备系"、"速成系"等军阀集团并驾齐驱。李家钰与罗泽洲因实力较强，成为"军官系"的首领。

1927年，李家钰任四川边防军总司令，占遂宁、安岳、乐至、潼南、射洪、华阳等县，被称为"遂宁王"。其间，李家钰根据自己的带兵经验写出了《治军心得》，他将带兵归纳为"勤以教之、严以束之、宽以待之、德以化之"十六个字，后来又将其简化为"勤教、严束、宽待、德化"八个字。而为了维持庞大的军事开支，他开设各种税收，征税繁多。但是，他对遂州的建设做出了贡献。

他用七县资金新建了一所"七高中"，创办了聋哑学校，为当地教育事业添砖加瓦。他兴修了遂州公园、戏院、电影院，主持编纂了《遂宁县志》。他改造旧城，将干涸的环城河道填平，修建成了环城马路，还新修了一条大街，作为城区主要干道，还扩建了东、南、西、北四条街道，将城区道路修建一新。他还从上海买回了遂宁有史以来都没有的汽车三辆，使遂宁的陆路交通进入了新阶段。他还铺设了遂宁至简阳的电话线，使遂宁与成都及全省的路线联通。为遂宁交通邮电事业及城建奠定了初步基础。李家钰在几年的时间里修了五条公路，分别是遂乐、遂简、遂安、遂蓬、遂射公路，从而接通了遂宁与成都、安岳、潼南等地，方便了人民的出行，使遂宁经济得到发展，遂宁一时被人们称为"小成都"。

1928年9月23日，刘湘与"保定系"刘文辉、邓锡侯、田颂尧三位军长在资中县举行会议，就统一意志、裁编军队及组织省政府二大问题达成了协议，由刘湘出任川康裁编军队委员会委员长，刘文辉为四川省政府主席，邓锡侯、田颂尧等为委员。但这次会议将川军其他各部"拒之门外"，激起了各军怨恨。10月10日，杨森、刘存厚、赖心辉、郭汝栋、黄隐、李家钰、陈书农、罗泽洲八部联合成立"国民革命军同盟各军军事委员会"，简称"八部同盟"，推杨森为主席，李家钰、陈书农为副主席。八部同盟联合向刘湘进攻，发动了下川东之战。

刘湘闻讯后，积极拉拢刘文辉，希望借助刘文辉的力量来牵制"八部同盟"。这一计谋收到成效，最终真正能向重庆进攻的只有杨森、罗泽洲两部，李家钰等部受到牵制，不敢轻举妄动。然而罗泽洲未按原计划与杨森联合同时进攻，而是于10月中旬率先出兵，孤军突进，酿成大错。因此刘湘得以集中力量，各个击破。最终，刘湘连克梁山、忠州、万县等23个县，尽收杨森下川东防区，收编了杨森近三万人以及郭汝栋部，势力大振。下川东之战以八部同盟失败告终。

李家钰见对付刘湘失败，便转而对付刘文辉，占了他的一些地盘。刘文辉因此怀恨在心，伺机报复。刘文辉在宜宾的时候收了三个当地的土匪做团长，分别是秦少楼、石肇武和蒋大海。然而当时，秦少楼已死，石肇武成了刘文辉神碧昂的红人，只有蒋大海却混得不咸不淡，没什么地位。为了得到刘文辉的重用，在得知刘文辉与李家钰之间的矛盾后，蒋大海主动申请前去行刺李家钰。

为了行刺李家钰，蒋大海率领了一批人到达遂宁，在离李家钰司令部不远的天上宫街开了一个纸烟店，企图在李家钰进出司令部的时候下手。但无奈的是，李家钰每次出行都乘轿子，前后左右都有随身护卫，找不到下手的机会。一晃便是数月过去了，蒋大海都没得手，只得回到成都。一来向刘文辉报告情况，二来回家省亲。蒋大海离家数月，妻子询问蒋大海去了哪里做了什么，蒋大海便把所有事情告诉了妻子。谁知道，恰巧

被家里的厨子听到了。这个厨子曾在李家沣家拉过车，对李家钰兄弟的印象不坏。倒是蒋大海性情暴戾，时常打骂下人，厨子便有了离开蒋家的想法。听到了蒋大海要刺杀李家钰的消息，厨子便在第二天向蒋大海的妻子请辞，借口说家里有人生病必须得回去才行，蒋大海的妻子便结了工钱让厨子离开了。厨子离开蒋家便第一时间赶往遂宁，把蒋大海的阴谋报告给了李家钰，李家钰立即派袁九成去处理此事。不久蒋大海被人杀死在他自己家中，守卫只知道蒋大海的屁股被子弹打成了蜂窝，但没人知道这是谁做的。

下川东之战失败后，八部联盟怨恨刘文辉，开始计划着又一次的报复行动。1929 年 4 月，李家钰、罗泽洲、杨森、黄隐四部在顺庆组织同盟军，推举李家钰为总指挥，决定兵分三路进攻刘文辉的资中、内江防区，发动了上川东之战。4 月 16 日，同盟军出动，由遂宁经宁至向资中、内江发起进攻。此时的刘文辉拥有众多兵力，对他们的进攻并不畏惧。4 月 19 日，两军正式交战，刘文辉部守将向传义先收缩兵力，后发制人。经过两天激战，才突然全军出击，同盟军本就是疲惫之师，面对这猝不及防的突然袭击，无力抵抗，同盟军败北，退出了遂宁。

经过三百余次的大小混战，四川军阀逐渐形成刘文辉和刘湘叔侄二人两股大势力，形成"二刘"之天下。北道之战后，李家钰退据营山、蓬安两县，实际已依附刘湘，"军官系"从此衰落。此时，刘文辉占有第 24 军防区 70 余个县，总兵力约 20 万人；刘湘占有第 21 军防区重庆、万县等 20 余个县，总兵力约 10 万人。由于刘湘占据着川东各县，禁止其他军队向国外购置先进武器，这引起刘文辉的极度不满，双方交涉无果，于 1932 年冬至 1933 年夏爆发了"二刘之战"。这是四川军阀之间的最后一次，也是规模最大的一次内战。

在"二刘之战"中。李家钰必然支持刘湘。李家钰率领 9 万余人进攻刘文辉的防区，顺利突破，将刘文辉手下师长陈鸿文、旅长石肇武生擒。石肇武是土匪出身，被刘文辉认做了干儿子，平时飞扬跋扈，无恶不作，惹得民怨四起，人称"石老虎"。李家钰将石肇武当众处死，并将他的首级运回了成都，在少城公园示众三天，真是大快人心。

经过泸州战役、老君台战役，"二刘之战"以刘湘的胜利告终，长达十七年的四川军阀混战终于宣告结束。刘文辉不得不退守西康，坐镇西康 17 年，直到 1949 年。

## 第三节　积极应北伐

1926 年 8 月 29 日，英国太古公司"万流"号商轮在四川云阳江面故意撞沉了杨森部运载军饷的三艘木船，造成杨森部官兵和船民 50 余人被淹死，饷银 8.5 万元和 50 余支枪支沉入江底。杨森感觉受到了奇耻大辱，便采纳了当时在重庆的朱德、陈毅的意见，扣押了肇事的船只，一方面向英国领事提出要求惩办凶手和赔偿损失，另一方面加强部队戒备，随时准备待命出击。

但英方妄图攫取华内河航行权，便故意将事态扩大，不仅拒绝惩办凶手和赔偿损失，反而向万县增派军舰，试图以武力威胁，达到自身的目的。9 月 5 日，三艘英国军舰炮轰四川万县（现重庆万县）县城近三个小时，累计发射炮弹和燃烧弹 300 余发，中国居民死亡 604 人，伤 398 人，被毁民房千余间，财产损失约 2000 万元。这就是令国人震惊的"万县惨案"，因发生于 9 月 5 日，又称万县"九五惨案"。

惨案发生后，四川民众群情激奋，全国人民也都极为愤怒，李家钰也一直关注着事态的发展。9 月 11 日，李家钰与邓锡侯等人发出全国通电，要求严惩凶手，维护国家主权。18 日，重庆举行了十几万人的游行示威，以显示中国人民对西方列强侵犯的不满。

由于当时广东革命政府已经开始北伐，北洋政府为了得到西方列强的支持，不敢采取强硬的态度，只得电令杨森"和平了结此案"。9 月 23 日，杨森按照上级指示释放了扣押的英国船只，并压制了群众的游行示威活动，就这样"和平"了结了。

抗日英雄
李家钰

　　1926 年 7 月，国共合作的广东革命政府发出北伐宣言，李家钰发表通电表示支持国民革命军。9 月，李家钰再次发出通电，声讨北洋军阀，响应北伐。9 月下旬，李家钰派代表参加中共重庆地委在重庆召开的"革命军事会议"，表示其拥护北伐的决心，愿意积极行动。

　　10 月，国民革命军占领武汉，川军各部将军相继易帜，支持北伐，改称"国民革命军"。尽管川军统一称为"国民革命军"，但各军阀之间的纷争并没有因此结束。此时，邓锡侯就任国民革命军第 28 军军长，李家钰任第 28 军第 1 师师长。李家钰一直心向革命，"万县惨案"使李家钰深受刺激，内战消耗了中国的力量，却让外国侵略者坐收渔翁之利，这让有着强烈报国心的李家钰久久不能平静。对于此次北伐，李家钰斗志昂扬。

为了配合北伐，在四川的共产党员策划了北洋军阀内部的士兵起义。1926 年 12 月 3 日，刘伯承、秦汉三等在泸州、顺庆发动起义，刘伯承被任命为国民革命军四川各路总指挥，攻占第 5 师师部，师长何光烈惊慌出逃。刘文辉、邓锡侯害怕士兵起义波及自身，于是令李家钰前去镇压起义军。

而另一方面，刘伯承等人起义之后，在泸州、顺庆实行官兵平等，整肃军纪，并整顿地方财政，废除苛捐杂税，惩办贪官污吏，组织学生深入街道乡村广泛宣传国民革命，争取各界人民的支持。李家钰非常认同这些做法，便不愿意与之相抗。但军令又不可违，于是直到 12 月 14 日，李家钰才象征性地向顺庆派出一个团的兵力，佯装攻城，而当刘伯承率军出击的时候，李家钰便装作抵挡不住而节节败退，一直退到离顺庆二十里的望水垭一带。直到刘伯承从顺庆撤离，李家钰也没有再发过兵。而后，顺庆又被何光烈占领。

1927 年 3 月 24 日，北伐军攻占南京，当地人民举行庆祝集会。谁料，正在这时，英国军舰竟向群众开炮，百姓死伤 2000 余人。这一消息传到了重庆，中共重庆地委决定于 3 月 31 日举行"重庆各界反对英美枪击南京市民大会"。然而，谁也没想到，这次大会的背后蒋介石正酝酿着一场大屠杀。蒋介石暗地策划着四川军阀"反共"，并密令第21军军长刘湘在大会上消灭川内的共产党。

3月31日当天，刘湘的手下事先经过乔装，打扮成老百姓模样，隐蔽混杂在群众当中，等待时机。大会正要开始，刘湘的手下马上跳出人群，展开了一场血腥的大屠杀，现场一时陷入了混乱之中。百姓们哭着喊着到处乱逃，共产党这边也没料到会发生这样的事，没有防备，无法抵抗。就这样，蒋介石谋划制造了"三三一惨案"，当场打死137人，伤千余人。

4月12日，蒋介石在上海发动政变，公开与共产党决裂。以赖心辉为总指挥的川黔联军在泸州围攻刘伯承起义军。但在当时，四川各军阀虽号称联军，实则不和，各怀异心，都不愿意因为镇压共产党而消耗了自己的兵力，只有土匪出身的赖心辉冲在最前面。联军并不能有效地联合在一起，这场战役的结果就已经注定了。

对于自己人打自己人的局面，李家钰非常痛心。4月27日，李家钰联合黄隐、陈鼎勋发出通电，希望赖心辉能够停止攻打泸州。电文称："北伐军自出师以来，军事进展，长江各省，次第肃清。吾川同人……方期团结一致，秣马厉兵，北定中原，以完成国民革命之目的。不图泸事发生，讹言四起，全川人民，栗栗危惧，若大难之将至。家钰等请赖军长迅即停止军事行动，退回原防。"然而，李家钰等人的通电仿佛石沉大海，没有得到任何回应。

4月下旬，刘湘与杨森、刘文辉、赖心辉等人联名通电拥蒋，川黔联军开始攻打泸州。刘伯承亲自指挥，将赖心辉军队击败，川黔联军损失惨重。同时，武汉国民政府也声援泸州、顺庆起义军。5月2日，李家钰再次通电，指责刘湘、赖心辉等人是"反革命假革命派"、"革命之大敌，民众之罪人"，"第一步即演出重庆'三·三一惨案'，第二步以重兵围击泸州武装同志，企图根本消灭吾川之革命势力，而保其封建余焰。革命前途，险恶万状。家钰等不能不淬砺精神，预备武装之奋斗。"此时的赖心辉进退两难，孤立无援，便向刘湘求救。刘湘与赖心辉

抗日英雄——李家钰

早有矛盾，刘湘便借此机会逼赖心辉交出指挥权。5月2日，赖心辉被迫通电辞职。赖心辉任四川省边防军总司令，并被国民政府任命为国民革命军第22军军长。而如今赖心辉垮了台，这两个职位都被李家钰收入囊中。5月10日，李家钰被武汉国民政府任命为第22军军长；6月4日，刘湘又正式任命李家钰为四川省边防总司令。

之后刘湘通电讨伐起义军，但众军阀已在赖心辉的惨败中吸取了教训，都只是装装样子，尽量减少自身兵力的消耗，只将泸州包围，并不进攻。起义军因长期被围困，弹尽粮绝，不得以撤离泸州。一场内战就这样结束了。而此时，蒋介石已与武汉中央彻底决裂。

北伐期间，李家钰拥护北伐，表现了坚定的革命意志，也与中国共产党建立了深厚的革命友情。北伐结束后，国民政府开始整编军队，李家钰被任命为民国革命军编遣委员会川康裁编委员会委员。1929年夏，李家钰上任国民革命军新编第6师师长。

## 第四节　心怀天下民

尽管四川军阀混战不断，不免殃及无辜百姓，但他们之中仍有许多人一心为国为民。就像刘伯承在《军事报告》中说的那样："用唯物史观来说，四川是一个封建社会，很容易养成英雄思想。四川尚在农村经济组织时代，又是很容易发生小团体的组织。这都是环境烘托出来的事，毫不足怪的。绝不能因此就说他们不爱国，故意踩躏老百姓。如像我遇着的将领，谈到民间颇受军人的痛苦，大多都现悲悯的、自失的情绪来。"李家钰便是这样一个心怀人民的好将领。

李家钰青年时候便立志救国，却被卷入了连年的军阀混战和"剿匪"的战役之中，他痛恨兄弟手足间的自相残杀，渴望祖国早日统一，共同抵御外来侵略者。同时，李家钰也渴望救国救民，他在关心军事的同时还很关注实业救国和改善民生。

1927 年 3 月 7 日，红十字会分会在遂宁关帝庙召开成立大会。在大会上，李家钰登台演说，他表示："最好先开办贫民医院，使一般贫苦病民，免除痛苦，不致流离失所。其他关于恤灾救患等件，俱应次第举行，以臻完善。"可见李家钰关心民众、为民着想的决心。

1927 年 3 月 27 日，成都市第七次劝业会开幕，李家钰把自己的"对劝业会意见"寄了过来："今天第七次劝业会正式开会，在家钰心中生出两种矛盾的感想：就是一方面感到快乐，一方面却感到忧虑。是为什么原因呢？……因为中国是产业落后的国家。从手工业的制品上，与西洋大规模生产品竞争，处处都归于失败。现在北京、天津、上海、汉口、宁波、广州，

037

抗日英雄
李家钰

这些大都会、大商埠，愈显明中国产业处于不敢竞争，只有俯首帖耳以听外人宰割的地位。堆栈中以及市面上，囤积货物非常之多。但这些如山的货物，通是舶来品。假如在那些地方也要像我们成都一样，开一个劝业会，陈设物品全部恐怕都是外国货，可以成为巴拿马赛会一类的会。陈设物品虽然精良，但与中国产业本身是无关系的。……第七次的劝业会，其中陈设品又全是各县的土产。……这些在下江繁盛区域几乎是不可能的。譬如他们要办一个工厂，他们的资本大约是从外国银行借来的。假如资本弄到了，工厂开门了，国际资本主义者不惜用种种卑劣手段来压迫你，使你倒闭。上海的纺纱厂、碱巴厂以及烟草公司都天天在与这恶势力奋斗。江苏南通县，可算中国的模范县，实业最发达的地方，但是也是趁欧战机会。现仍然时时有破产之虞……"由此可见他关心实业，关注家乡，反对帝国主义对中国进行经济侵略的思想感情。

李家钰年少在成都念书时，一年秋天和同学们到都江堰游玩，在二王庙墙上看见有李冰父子治水经验六字诀的石刻："深淘滩，低筑堰"，很感兴趣，并牢记在心。1928年他驻防射洪下半县时，亲临洋溪考察，见涪江水从瞿家壕流到洋溪这段航道，多处干滩，无法行船。李家钰便询问当地居民其干涸的缘由。当地居民告诉他："以前的洋溪镇商旅往来，涪江水由向家岩、黄瓜园，顺白沙岩到洋溪镇场口，再流入柳树场，那时码头上经常停泊着百号以上大小船只，商来旅住，颇为繁华热闹。后来因河水改道，洋溪镇就通不了船了，商业也就衰落了，如今真是冷清得很啊。"李家钰听后心想：为繁荣经济，用人工把这段旱河开通行吗？为了当地百姓，李家钰决心重新恢复洋溪镇往日的繁华，把这段旱河开通。1928 年 4 月，他请了镇上盐场陈达三场长、镇商会陈保生会长，当地"哥老会"刘信斯舵爷等各界人士 10 余人座谈兴建旱河一事。与会者纷纷表示支持，并愿意募集资金。李家钰很高兴，当晚即兴赋诗一首：

> 万里长城亘北蓬，千古涪水源流长。
>
> 淘滩开河兴水利，人生应当为民忙。

几天后，李家钰就主持召开工程筹备会。会上他讲述了驻军主持开旱河工程的意义和作用，交代了做法和规章。会上成立了工程筹委会，李家钰任名誉会长，还制定了资金筹措办法。在随后不到 8 个月的时间里，就筹足工程资金 10 万余元。第二年 1 月打通运河的工程正式开工，3000 多农民齐上工，在不到 4 个月时间里，就挖淘出一条 30 米宽、4 米深、5000 米长，可以供十船并行的行船河道，上下船支又可在洋溪场口停泊了，这扩大了洋溪镇与外界的交流，繁荣了地方经济，洋溪重新恢复了昔日的商业繁荣。

在工程竣工的庆功会上，各界名流和民众也纷纷赞颂李家钰忧国忧民，为民办实事，为当地百姓做了不少贡献。工程常务指挥长陈达三作了总结报告，报告指出工程从倡导、召开筹备会、筹集资金到施工，首功应属李总司令，他忧国忧民，体恤民情，主办实事，有千秋不朽功勋。除唱三本大戏庆贺外，还应建一祠堂来表彰李司令的功勋。这天，李家钰到会祝贺，在会上发表演说，宣传孙中山先生的"建国"方略和"建国"大纲。在各种赞誉面前他十分谦逊地说："这次旱河能够开通，主要功劳应该归功于在场的诸位以及洋溪镇的百姓，我李某人不过是在中间牵线搭桥而已，我既没出多少钱，又没出多少力，有何功劳可言？"在讲话的最后他再次重复了诗中的一句话："人生应当为民忙！"至今洋溪人还津津乐道传扬这桩美事。

由于少年时的经历，李家钰深刻认识到家乡交通的落后。1930年李家钰回蒲江，看到老家大兴街上都是土路，乡亲们都戏称："天晴一炉香，天雨一酱缸"，运输全靠肩挑背扛，李家钰便捐款修了砖石街道，整个街道以砖石铺砌，不仅方便车辆通行，下雨的时候更是少有泥浆，乡亲们再也不用忍受"酱缸"的困扰了。1931年，李家钰还拨款把原来蒲江五星的永定桥重修为石拱桥，并定名为"高河大石桥"。1932年到1934年，李家钰在家乡修了蒲江到新津的公路，公路全长44千米，方便了蒲江人们的出行。

李家钰不仅关注百姓的生活疾苦，还很注重民心向背，人民的支持对于一支军队乃至一个国家的重要性，他从军以后有了深切的体会。

1930年，李家钰和田颂尧管辖的防区中有一个公共区域——射洪县，但从兵力上来看田军是李部的三倍。射洪上半县为田颂尧部防区，下半县为李家钰防区。地处水陆要冲、工商繁荣的射洪县中部经济大镇，两军分割，各管辖一半。以新城门、来家巷、水府宫河边为界，上城属田管，派出一个营进驻衙署街城隍庙，旅部驻上北街张家祠，旅长黄大勇；下城属李管，派出一个团进驻太和街靖天宫，团长陈绍堂，旅部驻下半县大镇——洋溪镇，旅长饶泽韬。两军在太和镇各施其政，互为警戒。1930年5月的一天，田军趁李部官兵早操之机，冲进李部收缴了军械，并将李部官兵赶出了太和镇。李家钰当时正在遂宁，在电话上得知情况后马上召开军部紧急会议，不少人主张对田军进行报复，冲回太和镇与田军决一雌雄。但李家钰却并不赞同这样的做法，他对部下讲："我们是为治国平天下来的，不是打内战来的。田军同室操戈，犯了错误，难道我们又去犯错误？"但是李家钰手下仍有几个将领不理解、不服气，说李家钰胆怯、窝囊、有损军威。

于是，李家钰又讲了自己的一段经历，他说："小时在学堂读书时，先生与我们讲了一个杨升庵状元公的故事。明代，新都杨升庵中了状元，任经筵讲官。几年后他家附近王家兄弟中了进士，在翰林院任职。这三兄弟贪财如命，知杨状元后院有一块空地，便想强圈过去。杨状元家属接受不了，写信去京城，要杨状元公做主，杨状元立即回信。不几天，书信到家，家属拆信一看，意想不到是这么几行字：

千里修书只为墙，再让几丈又何妨。

万里长城今犹在，莫学当年秦始皇。

这信一传开，街坊邻里都知道了王家兄弟的为人，同时也都赞叹杨状元公胸怀宽广。王家兄弟为此羞愧难当，便不再争这土地了。今天我们只让了半个小镇，再让几里又何妨？让，可以避免一场内战，百姓也免受其害。就算我们夺回了半个城，却伤及了整个城的百姓，我们又有什么颜面面对他们呢？我们是军人，要像杨状元那样有点肚量。"李家钰说得入情入理，他的高瞻远瞩，以社会安定为重，终于说服了大家，使太和镇的百姓们免受一场争战的苦难。

通过这件事可以看出，李家钰并不赞成军阀之间为争夺地盘、权力而争战，他认为，作为军人，就应该有军人的风范，就应该为人民的利益而忙碌，不能只顾一己私利。为此，他也常常反省自己的错误。1935 年 8 月的一天，李家钰被请到成都黄埔军校作演讲，由于李家钰身材不高，站在后排的师生们都不得不踮起脚来观看这位川军名将。演讲时，全场师生都严肃认真，安安静静地听着，李家钰在演讲最后说道："四川老百姓说，川军是'刮地皮'的军队，这是我们的耻辱。但老百姓说的是真话，我李家钰完全承认！"听了这话，全校师生无不为其坦荡胸襟所折服。

# 第三章 请缨出川

## 第一节 艰苦行抵黄河岸

1937 年 7 月 7 日，日军在卢沟桥附近演习，借口一名士兵"失踪"要进入宛平县城内搜查。如此无理的要求必然遭到中国守军的拒绝，日军便以此为借口向中国守军开枪射击，炮轰宛平城，制造了震惊中外的"七七事变"，又称"卢沟桥事变"。这标志着日本全面侵华战争开始，就此，中日战争全面爆发。

当时，李家钰正在川康参加整军会议，闻讯后极为愤慨，当晚便致电国民政府，主动请缨杀敌：

"窃维国难至此，已达最后存亡关头，应恳钧座立即下令全国，一致动员，挥师应战，还我山河，严惩群奸，以雪公愤，职军正事整编，士气激昂，倘蒙移调前方，誓当执戈赴难！迫切陈词，伫候训示！"

不久，蒋介石密电川军抗日。刘湘被任命为第 7 战区司令长官，兼任第 23 集团军总司令，唐式遵为副总司令；邓锡侯为第 22 集团军总司令，孙震为副总司令。李家钰的第 47 军被编入第 22 集团军战斗序列，李家钰任军长，罗泽洲任副军长，下辖：第 104 师，李青廷任师长；第 178 师，李宗昉任师长。最初蒋介石只允许李家钰带一个师出川抗战，说要保留实力，但李家钰态度强硬，坚决要将第47军两个师都带上抗日前线，国民党军委最终妥协。李家钰为表明自己的决心，说道："我以前的部队都在打内战，现在为国效命的时候到了，我不留家底。"

李家钰从西昌出发之前，给家中儿女写了一封信，信中这样写道："为父即将出川抗战，此去不知何时能还家，希望吾儿能够与母亲一起照顾好祖母及其他叔伯亲人，同时与兄弟姐妹友好相处，莫要为母亲添忧。此外，吾儿等必要重视学业，要好好学习，成为一个有理想有抱负的人。家中事务与吾儿等学习情况每月必以书信告知。如家中发生何大事，一定要第一时间通知我。"

9月整编完毕，李家钰即刻率领第47军两师约两万人，从西昌出发。出发前，李家钰先后出席了在成都和新都举行的

"四川省各界民众欢送出川抗敌将士大会"和"新都抗日誓师动员大会"。"新都抗日誓师动员大会"上，李家钰发表了慷慨激昂的演讲，他动员将士们奋勇杀敌，报效祖国，要抱定有我无敌的决心，日寇不灭，誓不还乡。并说："日寇侵略，意在亡我中华，灭我民族，保国卫民乃我军人天职。常言道：'养军千日，用兵一时。'这次出川抗日，是我们自愿请求的，要为全川父老乡亲争气争光。无论在行军、打仗，都要严守纪律，爱护老百姓。在作战中要奋勇杀敌，服从命令，听从指挥，如有违抗军令，擅自遗弃阵地者，不管他是谁，我当按军法从事，决不姑宽。凡奋勇杀敌，歼灭敌人，生俘敌军官兵的，除重奖外，当上报立功。"最后李家钰还赋诗一首，以表达其抗日的决心：

男儿仗剑出乡关，不灭倭寇誓不还。

埋骨何须桑梓地，人间到处是青山。

于是，李家钰便带着他的两万人马浩浩荡荡向河南而去。只是此时的李家钰没有料到，这一去便再无回还之日。李家钰率领部队徒步前行，过雅安河时，友军于河岸架起机枪迫击炮戒严，要求检查有没有携带鸦片烟等。李家钰部队纪律严明，便坦然接收检查，并且从容渡河，继续前进。

川军都是穿草鞋的，李家钰部队也不例外，他们从军官到士兵都穿草鞋，打绑腿，着短裤，背一把大刀、一支长枪、两个手榴弹，装备十分简陋。此次行军全军也都穿着草鞋步行，沿途经过的县城，均有欢迎慰问的队伍在城门口迎接，送上慰问品，还为将士们放鞭炮助威。9月的天并不是很冷，但清晨的露水打湿士兵们的草鞋，还是很冷，行动起来也很不方便，而且昼夜温差大，每天夜里士兵们都只能相互依偎着才能入睡。在行抵宝鸡之后，第47军才得以乘火车东进郑州。在到达郑州后，由于山西战事吃紧，第47军立即赶赴山西娘子关前线救援。

娘子关位于太行山脉西侧河北省井陉县西口，山西省平定县东北的绵山山麓。娘子关原名"苇泽关"，因唐平阳公主曾率兵驻守于此，平阳公主的部队当时人称"娘子军"，故得名。

娘子关是军事重地，扼太行山井陉口，为山西和河北之间为数不多的通道之一，不论是要保卫山西，还是要保障河北的安全，娘子关都起着重要作用。10月，日军急于从平型关侵入山西占领太原，却受到八路军阻击而失败。日军便沿正太铁路线西犯，把娘子关作为一时的争夺目标。虽然八路军进行了顽强的抵抗，但娘子关最终被日军占领。不久日军从北、东两路进入山西，太原失陷。

当时，正值农历中秋，第47军长途跋涉40余日，翻山越岭数千里，行抵黄河北岸时，已是初冬，华北一片冰雪，作为在四川土生土长的将士们，哪里见过这样的冰天雪地，哪受得了这样的天寒地冻，大家都冷得直打哆嗦。川军在全国守军中，武器装备最差，而且又是在这样"千里冰封，万里雪飘"的恶劣环境，李部将士们只穿着单衣、草鞋，在茫茫雪地上行军，晚上宿营时，就打开背上那块四方形的被单，卷曲而躺，不进民房打扰百姓，这是军长下的死命令。将士们没有雨衣，没有斗笠，冒着风霜雨雪，行军上千里路，途中饿死冻死者不计其数，老百姓见了无不为之落泪！虽然艰苦，但为了尽快赶到前线，将士们没有停下前进的步伐。在行至河南省博爱县时，军用补给才终于送到，将士们才终于穿上了棉衣。

尽管天气寒冷，但全军将士受到沿途人民群众的夹道欢迎，天地虽寒，将士们的心却是热的。在行军途中，百姓们见士兵们都衣衫薄履，一个个冻得手指都紫了，就蒸了热乎乎的馒头，还煮了热腾腾的素菜汤给将士们吃。尽管乡亲们给的都是粗茶淡饭，但在将士们的眼中却是美味珍馐，一个小士兵在日记中这样写道："出来这么久了，真的好想家，想念妈妈的味道，今天的素菜汤真好喝，让我想起了妈妈的味道。"乡亲们的热情融化了漫天冰雪，也温暖了将士们的心，这也更加坚定了将士们杀敌报国的决心。

## 第二节　东阳关、长治之役

1937 年 12 月，河北失陷，李家钰率第 47 军进入山西，列入阎锡山的第二战区战斗序列。随后不久，李家钰又奉命在晋东南的东阳关、黎城、潞城、长治、长子、壶关等八县布防。李家钰率军部和李青廷的第 104 师的一旅驻守长治，第 104 师其余部队驻守新店镇，李宗昉的第 178 师驻守东阳关和黎城。此时，抗战已经进行了半年，日军参谋本部曾认为，中国在丢掉东部主要交通干线后，会不战而降，但中国虽然失地甚多，却越战越强，采取以空间换时间的战略，将战争拖入了泥潭。此时的山西，交通干线虽已被日军占领，但广大内陆仍处在中国军队实际控制中。

东阳关、长治位于山西省西南部，连通河北涉县、武安、邯郸等地，是军事要地。东阳关位于黎城县东，是太行山的一处重要关口，历来是兵家必争之地；长治古称"上党"，"上党"的意思，就是高处的、上面的地方，因其地势险要，素有"得上党可望中原"之说。

1938 年 2 月，春节刚过，华北日军向东阳关扑来。当时，第 47 军的装备特别落后，每个步兵团仅有 4 门二五迫击炮，每个步兵营只有十三节式重机枪 4 挺，每个步兵连只有捷克式轻机枪3挺，川造、汉阳造步枪七八十支。而日军炮兵、航空兵、骑兵装备精良，且不看日军装备的威力如何，仅在数量上就远远多于李部军，李部军队明显处于劣势。2月13日，李家钰曾亲自面见第二战区司令长官阎锡山和前敌总指挥卫立煌，要求拨给武器装备，阎锡山只让他回去等消息，但却迟迟没有得到结果。

鉴于东阳关的重要战略地位，李家钰布置重兵，派了一个师坚守。2月14日，日军以飞机、大炮助阵，猛攻东阳关前哨的皇后岭，刘介卿团长指挥将士们凭借山地工事，以简陋的武器装备，顽强抗击。他们士气高昂，面对巡视的李宗昉师长，他们振臂高呼："人在阵地在，死守东阳关！"空谷传音，在阵地上空回荡，很有气势。面对强敌，将士们毫无惧色，手榴弹打光了，就用石头砸，子弹打光了，就在筑有晋冀两省边墙的皇后岭与敌人展开肉搏战。苦战了三昼夜，消灭日军500多人，营长周策勋等千余人英勇殉国。这时，军队估计，借助太行山险，可以弥补武器低劣，日军很难突破这道山门。然而，事情出人意料，由重兵保卫的东阳关天险竟然失守了。究竟是什么原因呢？原来，事情出在一个本地区黎城名叫高承祖的人身上，他投靠日军替鬼子办事，当起了日军的活地图。他一面随李部军队到东阳关，却与日军私通，将他所知道的李部军队的情况全部报告给了日军。

另一方面，日军首先攻克了涉县。涉县属于第一战区，由孙殿英驻守。日寇进攻猛烈，孙部被冲得七零八落。2月14日，孙殿英向李家钰发来求救电报，请求东阳关增援。李家钰急忙派罗时英团一营出关增援，罗时英率部下紧赶慢赶，当晚便到达了涉县。孙殿英见李家钰的救援部队赶到了，便撤离逃跑了，抛下前来增援的部队不管了。日军左右包抄，李部在涉县孤立无援，激战一夜，伤亡100余人，只得撤回东阳关。15日，涉县失陷。

2月16日，日寇进攻东阳关外20里的响堂铺，首先以榴弹炮袭击1小时之久，但并没有更猛烈进攻，这只是为了掩护其步兵进攻。李部一个营抗击敌军，敌人炮火轰击下，房舍倾倒、窑洞陷塌，民众伤亡。入暮，李部撤走后，日寇100多人窜入响堂铺宿营。

李家钰命 178 师师长李宗昉加强东阳关防务，如有敌军来犯，立即予以歼灭。李宗昉将自己手下的几个营分别安排在各处，并安排了预备队，全师进入作战态势。破坏道路，深沟高垒，严阵以待。当晚，我军派突击队夜袭响堂铺，日寇猝不及防，被打死 20 余人，突击队胜利撤回。

2 月 17 日早晨，日寇排列了十多处的大炮，在大雾中开始了向我军的炮击。此外，日军还先后两次安排了 4 架敌机轰炸我军阵地，我军筑防多被摧毁，尘土飞扬，枪炮声震耳欲聋。上午敌军攻打香炉山，我军据险激战，击退日伪进攻。下午敌军攻打天主坳、香炉山、老东阳脑，日军百余人，窜至一字岭，我军猛烈射击，将其消灭；又一股日军百余人窜至阵地前，亦被我军守军将其完全消灭。第 9 连一战士，负伤却不下战场，手握手榴弹，跳出战壕，连续向敌投弹，打得日寇前仆后仰，最后与敌人同归于尽。日寇又有 300 余人窜至香炉山岩壁下，我军守军使用集束手榴弹，连续投掷，将敌人炸死岩下。另外，日寇猛攻老东阳脑阵地，周策勋营长率部与敌肉搏，将敌击退，周营长头部、腹部中弹，为国捐躯，牺牲时年仅 32 岁。

日寇见久攻不下东阳关，便在当晚出动 1000 余人偷袭东阳关右翼的一个小山口——柳树口。那里守军仅一排人，日寇轻而易举地攻下了柳树口，直扑黎城，截断东阳关守军后路。

李家钰不顾个人安危，在飞机大炮的猛烈轰炸下亲自坐镇南垂镇督军指挥。178 师援军在黎城东北四五里处与从柳树口窜入的日寇狭路相逢，我军奋勇迎击，终因伤亡过大，退守黎城。

李家钰得知日寇已由柳树口窜至黎城，将截断东阳关守军后路，便电令东阳关守军迅即转移长子县集结，并令第 104 师保卫长治，李宗昉奉命后，于当夜命阵地前线各营各派出一个班向当面之敌夜袭，以进为退。

2 月 18 日凌晨 4 时，我军撤离东阳关，在撤离东阳关时，第 106 师一团第四连上尉连长黄高翼率部留守阵地，掩护主力转移，任凭日本飞机轰炸、钢炮轰击，坚守不退，日寇冲上阵地，便与敌肉搏，被日寇用机枪扫射，胸部中弹数十发，壮烈殉国，牺牲时年仅 29 岁。

东阳关血战，李家钰部队牺牲 2000 余人，击毙日寇 1000 余人。但李家钰部队保卫了东阳关守军的安全转移，粉碎了敌人围歼东阳关守军的企图，并拖延了敌人攻占长治的时间。李部将士们在东阳关英勇杀敌，受到山西省人民的爱戴，也受到中国共产党的赞扬。

东阳关失守之后，日军用飞机大炮对长治进行了疯狂的轰炸，同时掩护自己的步兵向长治推进。尽管李家钰军 104 师312 旅 624 团顽强抵抗，但在敌人飞机大炮以及步兵集中的强烈攻势下，长治北门被炸开一个缺口，日军大量涌入城内。守

抗日英雄
李家钰

城官兵凭着高昂的士气以血肉之躯与日军展开了激烈的搏斗，敌我双方都损失惨重，街上横尸遍野，道路都受到了阻塞。激战两个昼夜后，日军得到后方增兵，而李家钰部队却已弹尽粮绝，也无后方可支援，被迫只能撤出长治。此次战役，我军官兵伤亡千余人，损失惨重。李家钰部营长杨岳岷、连长杨显谟、夏抚涛、陈绍虞、黄高翼等壮烈殉国，副团长杜长松身负重伤。

东阳关、长治之役，是李家钰部队与日军进行的第一次大较量，川军的英勇也在这次战役中体现出来，受到当地百姓的爱戴。当时黎城县长何公振非常感激川军："东阳关血战，贵军官兵英勇抗敌，经一周血战，日寇伤亡数千，我忠勇官兵作战壮烈牺牲者，亦在两千人以上。黎城民众对此可歌可泣之事迹，极为崇佩，久而难忘。除阵亡官兵由地方民众清查埋葬追悼外，及负伤官兵已由地方政府收容治疗。并在东阳关建立'川军抗日死难纪念碑'一座，在皇帝陵建'川军庙'一所，每年二月初一演戏一日，以志不忘。"

经过东阳关、长治之役，第 47 军战斗力大损，粮草和弹药也都急待补给。虽然部队尽了最大的努力，但失掉了东阳关和长治毕竟不是一件好事。李家钰心中惆怅，但他并不气馁，决定把打散了的部队重新归拢，企图再度收回失地。当时李青廷的 104 师有不少官兵在长治沦陷后退过了黄河，有的士兵甚至把枪也弄丢了。李家钰把他们收拢回来，并集中讲话，十分

严厉地说："我们是出来抗战的，是来打日本鬼子的，你们打
败了却偏偏跑过黄河，你们有什么脸来见老百姓？"说到这里，
李家钰看了一眼站在旁边的李青廷，继续说道："木匠也要有
斧头才能做活路，当兵的把枪丢了行吗？你们好好想想。"这
句话既是说给各位官兵听的，更是说给李青廷听的。李青廷绰
号"木匠"，早年讨过饭，当过土匪，做过木匠。李青廷沉默
不语，非常惭愧。

　　时正值冬日，北方天寒地冻，要说"千里冰封"一点儿也
不夸张。李部将士们长期居住在山温水暖的四川，都不习惯北
方的严寒，而且衣服都比较单薄，穿的也都是草鞋，也只能用
简陋的枪炮与敌人对抗，处境极为艰苦。一天夜里，气温很低，
非常寒冷，李家钰因研究当地地形图以及当前形势研究得太晚

了，便和衣而睡。卫士发现了李军长这样睡着，害怕他冻着，就将自己的被子悄悄地加在李家钰的身上。李家钰醒来之后，发现了身上的被子，他知道不是自己的，便找来卫士询问被子的来历。卫士支支吾吾，不敢明说，李家钰大发雷霆，说道："你快说，这到底是不是你的被子！再不老实交代，当以军法处置。"卫士见李家钰如此生气，只得承认了是自己把自己的被子盖在了军长身上。李家钰生气归生气，但他十分心疼自己的部下，骂了一句卫士是"笨蛋"之后，这事便就此作罢。但从那以后，李家钰便下令，不准任何人再做类似的事情。

李家钰把自己的残破之师拉到壶关、潞城一带，稍加整顿便再次向长治发起攻击，准备收复失地。但疲惫之军苦战十日也未能将失地收复，便只能作罢。屋漏偏逢连夜雨，此时的李家钰部队还与上级和友军失去了联系。李家钰天天督促他的电台台长不分昼夜地与外界联系，电键声每天"滴滴答答"地响着，可是发出去的电波却都石沉大海，得不到一点儿回音。军部负责情报的参谋不断派出侦察，到处寻找上级和友军，也都一无所获。李家钰带着这一万多人的队伍在冰天雪地里转悠在敌人的包围圈里，随时都有可能遭到敌人的围歼。此时的第47军还面临着无粮、无弹药、无医药的局面，军队将何去何从？

李家钰招来副军长罗泽洲、参谋长魏粤奎和两师各带兵主官，一同讨论全军下一步的去向问题。在一间临时军部会议室

抗日英雄
小故事

的小屋里，大家一边啃着粗糙的玉米面窝窝头，一边商讨此后的去向。参谋长魏粤奎提出了全军西进的主张，得到了众人的支持，也正合李家钰的打算："此时日军主力已经西去，西边前线必有战斗，有战斗就能找到上级和友军，就算没能找到上级和友军，有战斗就能参加到打击敌人的序列中，也是好的。"于是，李家钰把全军分为三路，军部和军直属队居中，两师各在左右，尾随敌军走过的路小心西进。

可是，他们哪里知道，这西进之路并不简单。

过了几天，李家钰率军来到临汾南边的侯马附近。3月2日晚上，部队正在行军途中，由于当地山势险恶，山路崎岖，而天又一片漆黑，走着走着，连向导也迷失了方向。向导因为自己的过失懊悔不已，一着急就语无伦次，一口山西话结结巴巴，弄得大家更是丈二和尚摸不着头脑。魏粤奎拿出地图和指南针，几个人围在一起用手电看地图。可这漆黑的夜晚哪里辨得清方向？正在这时，前方侦察的尖兵班突然传来"有情况，迅速隐蔽"的信号。李家钰部队立即在旁边的树林里进行隐蔽。

在黑暗中等待了一会儿，李家钰留下魏粤奎参谋长，带着两个作战参谋悄悄摸到了尖兵班。尖兵班班长告诉李家钰，"刚才遇到了日军骑兵巡逻队，幸好隐蔽及时，没有被敌人发现。现骑兵已经离去，但天黑看不清去向。军长，我们应该怎么办？"问明了情况，李家钰立即趴在地上，把耳朵紧紧地贴在地面上。

士兵们都非常地不解，想要把军长从地上拉起来，却遭到了军长的拒绝。过了一会儿，李家钰站起来，拍拍手上的泥土，说："走了，朝西北方向走了。"大家这才明白，军长临时当起了尖兵！这件事迅速在全军传了开来，第47军的将士们感动不已，久久不能忘怀。

部队继续前进，在一座山坡下面的小村子里，终于找到了一个能听懂四川话的人家，这才知道当前形势已非原先所料想。日军不仅攻占了韩侯岭和临汾，而且还向南直达风陵渡，整个同浦线已经完全落入敌手，沿着铁道两侧建立起几道封锁线。也就是说，山西全境除了一些山区外都成了敌人的沦陷区。

此时，何去何从又成了摆在部队面前的一大难题。李家钰决定继续西进，越过同浦路，到吕梁山南段立足。部队乘夜色越过了敌人占领的同浦铁路，来到了吕梁山区一处。然而到了第二天上午，大家都没想到的是，他目前所处的是一个被称为"火焰山"的不毛之地，树木不生，寸草不长，目之所及，全是光秃秃的黄土山岗。寒风吹过，便是尘土飞扬，这里既没有水，更没有粮食，根本无法生存，更不用说立足了。然而再向西就是黄河，河水汹涌澎湃，根本无法渡河。如果此时鬼子进行空中侦察，全军毫无隐蔽之处，必定暴露无遗。如果在此与敌人交战，真是毫无胜算可言。看到这片被兵书上称为"死地"的地方，李家钰倒吸一口凉气，心都提到了嗓子眼儿。军队的各位主官也没了主意，个个面面相觑，等待着军长定夺下一步去向。

正在这进退两难的时刻，突然有人大叫一声"军长"，大家的目光都集中到这声音的来源。原来是电台台长欢天喜地地跑来报告，军部的电台接通了军事委员会，并且得到了电令："即刻转到同浦铁路以东，沿太行、中条山打游击。"

李家钰顿时松了一口气，立即带兵挥师向东，再次突破敌人在同浦铁路的封锁线。沿途不断偶遇敌人的小股势力，打了几仗，缴获了不少武器弹药。这一路上，李家钰的部队受到了老百姓的热烈欢迎，还有不少山西青年争先恐后地想要参加第47军，同川军一起打鬼子。3月18日，李家钰终于抵达荣河，随后赶往绛县、翼城一带展开游击战。

尽管东阳关、长治之役李部损失惨重，但李家钰对部下还是很器重。在东阳关作战中，第178师直属迫击炮连死伤了几十个兄弟，还丢失了两门迫击炮，按理，该连连长应当被撤职，但原连长马光弟仍为连长。但这件事却遭到了24岁的排长龚庆雨的极度不满，他以绝食来表达自己的抗议，甚至写信要求军长收回成命，"不然，我将辞职！"李家钰看到信后，亲自找到龚庆雨谈话，他和颜悦色地说："龚君，东阳关战事失利，责任在我，马连长可以不当，我呢？也辞职临阵脱逃？龚君，莫嫌排官小，大了你当不了。"看到这个小排长满脸不服气的样子，李家钰又说："像个蒲江人！"龚庆雨的父亲跟李家钰是浦江县高等小学堂的同学，经人介绍，14岁的龚庆雨加入了李家钰的部队。一年后，在李家钰的栽培下，当了个排长，管了两门迫击炮。

被军长称为"龚君"，龚庆雨羞得想找个地洞钻进去。此后，在李家钰的指导下，龚庆雨逐渐成长起来。一天，李家钰的通讯兵气喘吁吁地跑来向龚庆雨传达命令："军长要你马上到学校操场上去！"龚庆雨不知军长找他有什么事，琢磨着自己最近并没有犯什么错误，他怀着忐忑的心一路小跑。还没跑到，就远远地看见矮壮的军长站在那里，周围还站着七八个军部的参谋，另外还有一连手枪兵整齐地列队在那里。龚庆雨顾不了许多，径直跑到军长面前，立正，敬礼，底气十足地向军长报告："报告！龚庆雨奉命到！"龚庆雨此时正等待着军长的训斥，没想到李家钰却说："龚连长，我把这个手枪连交给你了。"龚庆雨受宠若惊，一时说不出话来，李家钰又说："龚连长，训话吧。"龚庆雨立时"唰"地敬礼、转身，跑步到手枪兵面前一声"立正！"领着全连高呼："攻不破！战不倒！誓死保卫李军长！"龚庆雨正式就任手枪连连长，成了李家钰的贴身卫士长。

## 第三节　安邑城怒斩团长

　　抗日战争进入相持阶段，日军的武力进攻明显减弱，转而进行离间与武力相结合的方式以企图瓦解中国军队。国民政府为减轻正面战场的压力，在沦陷区广泛开展游击战争，山西中条山游击根据地是当时国民党在北方最大的战略据点。中条山位于山西省西南部，因居于太行山和华山之间，山势狭长，故名"中条"。它屏蔽着洛阳、潼关和中原大地，拱卫着西安和大西北，俯视着晋南和豫北，进可攻，退可守，自古以来就是军事战略要地。

　　抗战正面战场最为悲惨的一场战役，就是在中条山打响的，称为"中条山会战"。由于准备不足和指挥不当，会战中的中国军队节节败退，损失惨重。第 3 军军长唐淮源率全军血战至最后一人，在大雨滂沱中举刀自戕殉国；第 12 师师长寸性奇左腿被炸断后不愿被俘，拔枪自尽，麾下官兵无一人脱逃，全军殉国。战役结束，中国军队损失近 8 万人，蒋介石把这场战役称为国民党军队"抗战当中最大的耻辱"。

　　1938 年，李家钰奉命率第 47 军由太阴山区南调中条山。当时，敌军推行"以华治华，以战养战"的策略。敌人牛岛师团部队分驻同蒲铁路南段临汾、闻喜、夏县、运成、风陵渡之

抗日英雄 李家钰

线，敌军利用伪军和地方维持会等汉奸组织，搜劫民间物资，弄得百姓苦不堪言。

第47军到达平陆后，军部驻扎在南村，将两师部署于中条山西麓。第104师驻守夏县以东山地的刘黄岭、通峪、侯家岭之线，师部位置于夏县西沟；第178师占领运城以东山地的陈家圪塔、张店、磨河之线，师部位置于平陆的太宽。西向铁路沿线警戒，精心布置，伺机进攻。

1938年6月初，第47军奉命攻击安邑城里的敌人，目的是迫使敌人退出风陵渡，解除敌人炮击黄河南岸对陇海铁路造成的威胁。战前，李家钰进行了周密的部署，他命令第178师两个团主攻安邑敌军，并令104师以628团向夏县佯攻，以辅助主攻部队作战。团长孙介卿率领将士利用夜间对敌人进行突击，迅速攻下了安邑城。日军向运城方向逃窜，孙介卿乘胜追击，向运城发起进攻，但战斗两日也未能拿下运城，便只得退回了安邑城。以安邑城作为阵地，等待时机，以图再次向运城发起进攻。

不久，日军纠集闻喜等地两千余人，南北突进，围攻安邑城，激战一上午，安邑城被日军攻陷。由于日寇使用重炮向城内发起猛烈射击，致使城内房屋倒塌众多，孙介卿团伤亡惨重。李家钰听信谗言，认为此次作战不仅没有拿下运城，还丢失了安邑城，孙介卿有重大责任，便将他枪决。而当时防守安邑城的是第 178 师第 106 团，该团绝大多数官兵在与日军的巷战中英勇无畏，一直坚持到最后一秒钟，直至牺牲。然而，该团团长却贪生怕死，在日军攻城时迅速逃离战场，躲了起来。李家钰得知后勃然大怒，命士兵去寻他的下落。当士兵找到他的时候，他正在一个草垛后躲着，浑身瑟瑟发抖，士兵来叫他，他抱着头一个劲儿乱叫。士兵把他带到李家钰面前，他知道自己惹恼了李家钰，便跪在地上苦苦哀求李家钰饶恕他。"军长，您饶了我吧，求求您了，我下次再也不敢了！军长，我上有老下有小，您就饶了我吧。""像你这种贪生怕死之徒还有脸求饶，你这样哪里还有一点军人的样子！""军长，我……"李家钰十分愤怒，还没等他把话说完当即拔枪，当众将其枪决，以儆效尤。从此之后，在将士之间就有这样的话语流传开来，"要跟着李将军做事，就要为国为民着想；要在李将军底下当兵，就不能贪生怕死。"

李家钰军纪严明，容不得一个军人做出有辱一个军人身份的事，被他责罚过的居官有很多，严重的甚至被枪决。

一次，一个军官在驻地打伤了一个老百姓，被当地老乡告到了李家钰那里，李家钰马上叫人将此人抓来审问，发现事实如此，李家钰很气愤。要求这个军官当面向百姓道歉，并且降了他的职，要求他从最底层开始重新干起。

还有一次，李家钰召集补充团全团新兵讲话时，发现新兵一个个面容憔悴，身形枯槁，坐在座位上偏偏倒倒，哪里有一点军人的样子。李家钰便向新兵们询问："伙食吃饱没有？新兵连连长克扣你们钱粮没有？"面对李总司令的亲切询问，新兵们纷纷举手当场控诉连长严重贪污的罪行。李家钰立即派人调查询问，发现情况属实，便立刻叫随身卫士在行列中抓出两个突出典型，将这两个新兵恨之入骨的连长就地枪决。李家钰军纪严肃，众人都有所见识或有所耳闻，此后便没有人敢再犯。

## 第四节　中条山"六六"战役

李家钰将军真心抗日救国，经常主动出击打击日军。他认为保存实力、不肯杀敌是可耻的，以"尽忠报国"为一个正直军人的自豪，在他率军驻守中条山期间多次主动出击，狠狠打击日寇。一时间，中条山的日军对李家钰将军的闻风丧胆。

1938 年夏秋之间，夏县、运城等地敌人及伪军 2000 余人向中条山麓两师进攻，敌人集中火力同时分别向我 104 师侯家岭和 178 师陈家圯塔阵地猛攻。李家钰战前便进行了部署，李部借助山势建筑，要求战士们先将敌人控制在远处，待到敌人打得人困马乏的时候，再减小火力以引诱他们来到阵前，此时李部再集中火力，将敌军一举歼灭。李部凭借山势顽强抵抗，

抗日英雄 李家钰

激战了一整天，待到敌军攻到近距离的时候，李部再集中火力攻击，将敌人打退。此役胜利，将士们都十分佩服李将军的谋略。

敌军在中条山接二连三地发动了大规模军事进攻，中国守军在中条山与日寇的对抗一打就是三年，经历了大大小小无数战役：东坞岭战斗、六六战役、西阳河谷战役、永济之战、茅津渡血战、望原会战……中国军队英勇杀敌，挫伤了日军锐气。

在中条山的战斗中，有这样一个小故事很有意思。第178师某连炊事兵李发生，在军队主要给前线送饭。当时，我军正在战壕边与敌人搏斗，李发生恰巧到前线送饭。他没有武器，便手持扁担，趁其不备，猛击敌人，打死打伤无数敌人。于是，敌人们都向李发生围攻过来，而正是由于这样，士兵们才得以冲出战壕，将敌人全部歼灭。而此时李发生却浑身是伤地倒在了地上，所幸他的伤势没有大碍。李发生的事迹在整个战区传开，李家钰亲自接见并表扬了李发生，并鼓励全军士兵向他学习。李发生受到军委会和战区司令的嘉奖，并获得了一枚勋章。

1939 年初，李家钰部队被编入第 4 集团军，李家钰升任第 4 集团军副总司令，同时兼任第 47 军军长。第 4 集团军由杨虎城领导的第 17 路军改编，总司令是孙蔚如，下辖第 38 军、第 47 军和第 96 军共 3 个军、4 个师和 2 个独立旅，防守中条山西部地区，第 47 军防守夏县南部。

从 1938 年秋到 1939 年 3 月，第 4 集团军在中条山驻守期间就曾先后五次粉碎日军对中条山西部地区的疯狂"扫荡"。他们英勇保卫了中条山，他们在中条山百姓心中小有名气，他们获得了当地人民的赞誉。

1939 年 6 月 6 日，天气晴好，微风和煦，日军纠集步、骑、炮、空各兵种 3 万多兵力分多路向我军在中条山西部的阵地发动进攻。拂晓，日军以突然袭击的方式，分九路向国民党军阵地分进合击，对 17 师、独立 46 旅及 96 军进行三面围攻。同时用野炮、山炮 30 余门向陇海铁路射击，炸毁灵宝县的铁路桥，破坏了陇海铁路的运输。上午 9 时后，国民党军阵地大部被毁，但守军没有退让，坚持战斗。

与日军激战 18 个小时之后，阵线破裂，我军转入不利境地，整个战区有被从中折断的危险，如果被折断的话，西线守军就会被日军压迫于平陆县城以西黄河岸畔之低洼地区，日军便可对他们进行围歼。集团军总部迅速做出战略调整，于 22 时分别发出命令，令第 47 军以 3 个团的兵力进驻张店、岭桥间地区，攻袭日军之侧背。令第 38 军迅调有力部队阻止日军南进。令第 96 军迅速调整部署，将主力转移到扁豆凹、前后砖窑、龙源村、王眠村、庙底、韩村、西吴村、南吴村、柏树崖至张峪一线，坚守据点。

6 月 7 日，天气如昨，但形势继续恶化，我军情况变得更加危急起来。日军 3000 余兵力加上 30 余门大炮继续南犯，我军遭到敌人的包围，面临被围剿的困境。在此万分危急的形势下，独立第 46 旅旅长孔从洲根据敌后侦查所得的情报，果断组织第 46 旅星夜向北突围，插入敌人后方，以迅雷不及掩耳之势一举歼灭了敌人两个炮兵中队和后方医院，并收缴了一个伪军连的枪，破坏了公路和电话线，缴获了山炮 12 门、迫击炮 4 门。这一突围出乎了敌人的预料，打乱了日军的部署。李家钰抓住时机组织第 47 军转入二线阵地，依据深沟隘口，奋力抗击，将敌拒止于西沟、下沉之线，位于南村的军部也及时东撤。借此良机，第 96 军军长李兴中也率部队向北面突围。

抗日英雄
李家钰

然而，新兵团和第531团部分官兵1000多人来不及撤离，被压到黄河岸边，经过一个小时的血战，壮士们高呼着"宁跳黄河死，不作亡国奴"的口号，纷纷跳入滚滚黄河，上演了中华民族抗战过程中最惊心动魄的一幕。

13日拂晓，日军再次向我军发起了大规模进攻，这次进攻主要针对第47军和第38军第17师、总部教导团。李家钰通过对敌我双方的力量悬殊对比，制定了"缩短战线，弹性防御，力争主动"的战略方针。李家钰首先命令第47军和第17师分别防守南北两线夹击敌人，同时命令在稷王山打游击的两个团与孙定国领导的新军212旅密切合作，在敌后积极抄袭敌人。在李家钰的作战指挥下，在全体官兵们的奋战下，日军伤亡惨重，无力再继续进攻。14日傍晚，日军开始撤退，李家钰当机立断，决定乘胜追击，命令各军分头反攻，接连收复了淹底、古王、计王、毛家山、庙凹、茅津渡、平陆县城、芮城县城等地。到了21日，日军已疲惫不堪，退回了运城，我军收复了所有阵地。

"六六战役"始于1939年6月6日，结束于6月18日，历时近半个月，这是李家钰和第47军在中条山进行的最大的也是最惨烈的一次战役。"六六战役"的惨烈可以从平陆民众当时唱的一首歌谣中看出来——"麦儿一片黄，农人收割忙，不料想日本鬼子打到咱家乡，鬼子兵三万，分九路进攻中条山。

六月六、七那两天，血战沙口滩，尸体堆如山，可怜我军民，无辜丧黄泉，割了头还要挖心肝……"全篇没有一句假话，是当时平陆民众悲惨命运的真实写照！不过，日本人的残忍杀戮还不仅仅是这样。2月22日，长治城中升起了太阳旗。但日本人对这并不满意，对于此次战事中的损失，日本人把报复的怒火都发泄到了在战火中幸存的老百姓身上。日本兵在城中分头搜杀，城外北关有100多户人家被杀49人。北关街有一个地洞，里面藏着很多人，日军扔进手榴弹，地洞里的人无一幸免。玄武庙内藏了30多人，被赶出来集中在大院里，随着一阵机枪的扫射声，院里的人全都倒在了地上，鲜血顺着排水沟流了出来，凝结成一团堵住了。防空洞里藏了18个老百姓，也全都死在鬼子的刺刀下，其中还有两个是孩子。南城居民在追杀中有很多人向南城门逃跑，因城门被堵塞无法出城，全部躲藏在城门洞中，丧心病狂的日本鬼子竟拉来大炮对准城门轰炸。有小孩子吓得到处跑，竟被鬼子当作活靶子来练枪法。一个仅两万五千居民的长治城，竟被屠杀千余人！

## 第五节　学习八路勤练兵

自出川抗战以来，李家钰率领第47军将士首战于山西长治、东阳关，虽然大挫日寇锐气，但李部也伤亡惨重，而八路军游击战取得累累硕果，李家钰认为川军以前在四川的那一套不适合现在的情况，他对部下说："如今的对手是装备优良的日寇，在四川打内战的那一套行不通了，要改变战法，重新再学。"而八路军则成为了李家钰"重新再学"的榜样。

李家钰驻守长治时，第47军和第18集团军（八路军）都属于第二战区，刘伯承的129师就驻守在附近。李家钰与刘伯承在四川时就有交情，李家钰十分佩服刘伯承。1938年1月，刘伯承由开封开会回来，在长治第47军驻地住了一个星期，李家钰邀请这位名扬中外的军事学家给全军营以上军官讲授游击战术，刘伯承欣然接受，李部包括李家钰在内的每位将士都受教良多。

1938年3月，朱德总司令就任第二战区东路军总指挥，李家钰的第47军归属东路军指挥。3月底，朱德召开了东路军所属的高级军官会议，李家钰在这次会议中深受启迪。他深刻地认识到：八路军高昂旺盛的战斗士气；八路军机动灵活的战略战术；特别是八路军与人民群众的鱼水关系从而创造了必胜的保证。这些都是值得第47军学习的。会后，李家钰向朱德总司令提出了帮助他培训干部的请求，朱德总司令马上就答应了。

1938年秋，李家钰选派了亲信干部孟体富、曾新周、樊德厚、龙德云等15人入东路军干部培训班进行为期两个月的

学习。当时，东路军驻扎在山西翼城地区，李家钰的部队驻扎在平陆一带，去翼城要经过敌占区。孟体富他们每人带了一百个鸡蛋作为干粮，白天就躲在老百姓家中，到了夜晚才行军，就这样走了七天才到达翼城。东路军干部培训班是随营学校性质，每人发两本油印教材：一本是游击战术；另一本是政治工作。开学的时候，朱德总进行了开班讲话，他鼓励大家要勤奋学习、协同合作、共同抗战。八路军将领分别授课，傅钟主讲日军对中国的侵略历史；聂荣臻主讲战略战术，包括运动战、夹击战、牵制迂回及诱敌深入，等等；黄镇主讲政治、经济、军事、民主、三大纪律、八项注意。尽管朱司令军务繁忙，但他也会时常抽出时间来给大家讲课，而且还鼓励大家提问题，并一一进行解答。朱总司令为人朴实，平易近人，在学习期间，朱总司令的衣食住行都跟大家一个标准，没有搞特殊待遇，他还经常与大家一起蹲在地上吃饭，脚上穿的袜子也是破了好几个洞，补了又补。结业的时候，朱总司令还亲自为第47军的学员们送行，并交给他们一封信，要他们带给李家钰。

原来，这封信是朱总司令鼓励李家钰也开班培训，武装官兵的头脑，做好民运工作。在朱总司令的鼓励下，1939年1月，李家钰仿照东路军干部培训班举办了第47军干部培训班，任命张云从为中队长。李家钰又任命从东路军干部培训班结业归来的孟体富为第47军干部培训班的副队长，曾新周为分队长，将他们在东路军学到的东西传授给第47军的干部们。

张云从是李家钰的旧部属，远在东北沦陷后，曾上书请李家钰出川抗战，但李家钰一笑置之。张云从认为李家钰看不起他，便不辞而别，还到处说李家钰坏话，从北川一直到成都，骂李家钰拥兵自私不爱国，李家钰仍是一笑置之。李家钰出川抗战后，张云从给李家钰写了封信，其结尾是："如果其公（李家钰字其相，故尊称其公）能原谅我当年年轻鲁莽，愿即回部为国效命。"李家钰立即回复张云从，允许他来山西前线，并委以轮训全军干部的重任。干部培训班结束之后，张云从调任为第178师第533团第一团营长。李家钰将军不计前嫌、知人善任的大将风范，真是令人景仰！

第47军干部培训班在晋南前线一共办了5期，大大提升了全军干部的思想素质和作战能力，在此后的战役中发挥了极大的作用，全军两万名将士能誓死坚持抗战，培训班的学习是一个非常重要的原因。每一期开班的时候，李家钰都会为干部培训班题词，以鼓励学员怀着坚定的革命信念奋勇杀敌、保家卫国。他为第二期干部培训班题写的训词是：

惟我学兵，亦知倭寇之欲灭吾国家，夷吾种族乎！国危祸亟，稍纵即逝。保国保种，责在军人！望尔等勿负所志，勿负所学，勿负本军长之所期。相与努力同仇，杀吾敌人，以践吾天职，以报我国家！

一天，李家钰正在讲课，敌机突然出现，李家钰赶紧命令大家疏散，躲进防空洞里，他自己则站在讲台上不动，直到所有人都躲避到防空洞之后他才动身。事后有士兵问李家钰，将军为何不躲？李家钰笑笑说："一个人目标小，不容易被炸到。而且你们大家都躲到安全的地方了，我也就放心了，我一个人的生死没有那么重要的。"

1939 年 12 月，第 47 军经阳城调往晋城防守，接到这样的命令，全军哗然，都非常不满。因为不是老蒋的嫡系，李部一直遭受歧视，每月军饷不能如期照发，一再拖欠，官兵生活非常艰苦。军队装备也十分落后，请求军政部补充轻重机枪及步枪，但报告上去却没有得到任何回音。而调到晋城，名义上是到前方抗战，实际上是把李家钰部逼到八路军防区，与八路军制造矛盾，妄图借助八路军的力量来消灭他们。借刀杀人，排除异己，这是老蒋的一贯手段。这月，蒋介石、阎锡山在晋西、晋东南发动第一次"反共"高潮，进攻牺盟会，在沁水、阳城、晋城等地杀害中共干部，制造"十二月事变"。然而老蒋没有料到的是，这样的部署反而增加了李家钰与八路军之间的深厚友谊。面对这样局势，李家钰明确表态："不论到什么地方，打日本鬼子，我们可以为国捐躯。打自己人，不干！"他的参谋高禅在阳城向中共党员谢丰表示："我们的枪口，绝不会对准八路军。"李家钰的部队只坚持对日作战。

1940 年春，朱德赶赴洛阳开会，路过李家钰的驻地，便打算顺道过来看一看李家钰。听说朱德要来，全军都沸腾起来，李家钰还特意派了一连士兵前往迎接，士兵们都想一睹朱总司令的风采。谁料，朱德一行一百余人都穿着灰色棉军服，束腰皮带，打绑腿，青布鞋，辨认不出谁是首领谁是士兵。要不是李家钰上前同朱德互致军礼，谁也认不出这便是朱总司令。大家本以为朱总司令这么大的官一定是骑着战马，威风凛凛，十分严厉的人物。没想到朱总司令不仅十分和蔼地跟大家打招呼，还亲切地与他们握手。

李家钰设宴款待朱德一行，席间，朱德问李家钰："其相兄，若他日你奉命与我军兵戎相见，你当如何？"李家钰回答说：

"我将学习晋文公，让君三舍，再战！"言毕，二人畅饮了一杯。当晚，李家钰偕第36集团军参谋长魏粤奎、第四十七军副军长罗泽洲、十七军参谋长张持华同朱总司令亲切交谈。次日，在李家钰一个营的士兵的护送下，朱总司令通过敌伪封锁线，安全到达黄河渡口。

送别朱总司令后，魏粤奎参谋长遵照李家钰的嘱咐，召开了一次军官会议，勉励大家一定要向八路军学习。主要提到了三点：一是朱总司令所带卫队的装备都是战利品，清一色的三八式步枪和歪把子机枪；而47军同日寇作战三年而缴获竟寥寥无几。二是朱总司令的随行人员没有一个东跑西串的，临行前把住地打扫得干干净净，川军能否办到。三是朱总司令的随行人员都守口如瓶不乱回答一句话；这种作为军人应有的保密纪律，川军更办不到。李家钰希望将士们能够与八路军友好相处，学习他们的长处，不断地完善自身。

国民党五届五中全会制定了"防共、限共、溶共、反共"的方针。蒋介石知道李家钰与八路军关系要好，就派了一个政治工作人员下来，名义上是指导工作，实际上就是监视他。李家钰明知蒋介石不喜欢杂牌军，不喜欢八路军，但他为了抗战，仍然坚持与八路军合作。蒋介石密令李家钰伺机偷袭八路军的太行游击支队，李家钰不愿意，便采取敷衍应付的态度对待上面的命令。

在抗日斗争的实践中，李家钰逐渐认识到广大群众在抗战

中的重大作用，因此，他十分注意军纪，严禁任何扰乱百姓的行为。有一天，渑池县县长走访李家钰，李家钰对其说："我在渑池县的守防部队，如有扰乱百姓的行为，你以军法官的身份，办他们好了！不用顾忌我的面子。"

李家钰对老百姓的疾苦非常关心，所以，在他的防区军民关系非常好。第36集团军总部进驻新安时，正好遇到当地遭遇严重的旱灾，百姓地里能收上来的粮食很少，许多连自己家里吃都不够。见此，李家钰便下令全军厉行节约，拿出军粮的一部分来救济灾民。1942年，河南防区又遭到了严重的蝗灾，李家钰便命令驻军协助当地百姓消除蝗虫，得到群众的拥护和爱戴。

# 第四章　豫中会战

## 第一节　筑起"血肉长城"

1939 年 10 月 24 日，李家钰奉命将川军第 47 军扩编为第 36 集团军，李家钰升为第 36 集团军总司令，兼任第 47 军军长。第 36 集团军隶属于第二战区，下辖除了李家钰的第 47 军外，还有高桂滋的第 17 军，但第 17 军只名义上属于第 36 集团军，实际仍驻守在陕西，担任地方防务。

1939 年冬，李家钰奉命率领部队东调晋城，防守太行山南麓获嘉、焦作、博爱以北山地。1940 年 4 月，李家钰部队与日军交火频繁。

4 月 15 日至 19 日，李家钰部队在高平、陵川、晋城与日军激战 8 次，造成敌军 1000 余人伤亡。又在博爱、焦作等地，与日军作战 6 次，击毙敌人 200 余人。

4 月 20 日，日军两万余人分六路进犯晋东南，另有一股日军 3000 余人由博爱北犯晋城。李部官兵齐心协力，英勇杀敌。连长罗绍光（罗泽洲次子）死守晋城近郊山头，多次击退日军的强烈进攻，与日军展开肉搏战。双宗海团长率部镇守白洋泉河南高地，日军则在飞机大炮的掩护全力进攻，双方激战一昼夜，李部军队依然保着制高点，李家钰亲自率领将士，与敌人搏斗一日，将危险局势扭转。

4月25日，李部协同友军攻克陵川县城。26日，李家钰令104师在天井关狙击敌人，178师则进攻晋城。日军伤亡1000余人。蒲江籍一等兵唐学义（21岁）、上士申浩泽（39岁）、营长龚盛卿等均在晋城抗日中阵亡。

1940年夏，李家钰率第36集团军总部及第47军渡过黄河，进入河南第一战区，担任渑池、陕县、灵宝一线河防，直到1944年春。

李家钰率领第36集团军与日军在黄河一线对峙的这几年，抗日战场的形势发生了巨大的变化。此时日军已连续3年未在华北发动过大规模的军事行动了，日本人已经顾不上华北了。不可一世的日本发动了太平洋战争，但在中美英等国军队的联合抗击下，日本处境艰难。为了支持太平洋战场，日本不得不从中国战场调兵增援，此时日军在中国战场已无力再发起战略进攻。这一年，重庆流行着一道名菜，叫"轰炸东京"，其实，这道菜就是普通的炸花生米。起了这样一个既有特点又让中国人扬眉吐气的名字，不仅是由于中国人受到日本人的迫害，更是源于源自世界反法西斯战场的形势逆转。德意法西斯在欧洲逐渐溃败，日本人在太平洋战场已成强弩之末，其本土也每天忍受着中国内地起飞的盟军飞机，不间歇地狂轰滥炸。1942年6月，日本发动中途岛海战，结果惨败而归。之后日本在太平洋战场接连失败，日军不得不做出战略调整。日本对华由战略进攻全面转入战略防御，把中国列为日军战略中最关键的地区，日军开始谋划一场对中国守军的大会战。

1944年春，日军在盟军进行的海上交通战中连吃败仗，运输船不断被击沉，海上交通线随时有被美军切断的可能，日本在南方的50多万侵略军有陷入无后方作战的危险。为了解决这一棘手的问题，日本大本营企图开辟一条由日本经朝鲜釜山，再由我国东北、华北、华南而到达越南的陆上交通线，以维系对南洋的补给和作为将来转运兵力的通道。因此，这条交通线附近的中国守军成了日军的打击目标。为了打通这条交通线，日本开始紧锣密鼓地炮制"一号作战计划"，准备孤注一掷，做最后的困兽之斗。

战役即将打响，而中国守军却表现出一如既往的平静，军纪比较松弛。蒋鼎文对此并不十分在意，对日军的此番行动进行了错误估计，只是将第一战区的驻军约40万人，依次分配在黄河南岸，呈一字长蛇阵。蒋鼎文强大的江防兵力部署情况是：

战区长官部的帅旗插在洛阳，郑州至陕县沿黄河南岸一线，约两百公里的河岸上，集中驻扎着四个集团军，外加韩锡侯第9军，马法五第40军，谢辅三暂编第4军。

各部防守区域为：

抗日英雄

李家钰

孙蔚如第 4 集团军驻守郑州地区；

刘茂恩第 14 集团军驻守洛阳地区；

李家珏第 36 集团军驻守新安地区；

高树勋第 39 集团军驻守渑池、陕县地区。

以上四个集团军和其他部队，至少 25 万人马，都将重兵迭次配备于黄河岸边，以致广大后方几乎无机动兵力。在这约二百公里的黄河南岸，筑起一道"血肉长城"。

尽管这是一道"血肉长城"，但这第一战区的防线实际上被分割为两个相对独立的部分。第一战区司令长官蒋鼎文直接负责郑州以西黄河河防，战区副司令长官汤恩伯主持郑州以东及黄泛区的河防。

西半部分便是蒋鼎文主要负责的防线。而东半部分，汤恩伯的副长官设于叶县，王仲谦第 31 集团军驻扎于郑州以南，何国柱第 15 集团军和陈大庆第 19 集团军全部置于平汉路南段东侧，另有贺粹之第 12 军、刘昌义暂编第 15 军等杂牌军若干。汤恩伯是蒋介石的嫡系之一，他在和日军交战的时候常常避重就轻、望风而逃，被戏称为"逃跑将军"。虽然汤恩伯对敌人没有任何凶狠可言，但是对老百姓却是苛政猛于虎。当年，河南连年大旱和蝗灾，土地都龟裂了，地里颗粒无收，很多地方不仅树皮都给人吃光了，就连腐木、细土也都成为人们用以果腹的食物。可是汤恩伯并不体恤百姓，横征暴敛，在如此灾情面前却要求百姓付粮税，弄得农民苦不堪言。河南的百姓都对汤恩伯恨得咬牙切齿，还把他的名字与自然灾害的洪水、大旱、蝗虫连在一起，于是就有了"河南四荒，水、旱、蝗、汤"的民谚。不得不说，这样一支失去民心的军队，怎么可能打胜仗？

## 第二节　计策未被采用

1944 年，日本发动了"一号作战计划"，准备在 4 月发动平汉线（北平至武汉）作战，时间约一个月；大约在 6 月，从武汉发动湘桂作战；8 月左右，从广东发动湘桂作战。由于打通平汉线的战役主要发生在河南，因此又被日寇称为"河南会战"，中国则称之为"豫中会战"。

日军作战由华北方面军司令官冈村宁次指挥第 12 集团军共 5 个师又 3 个旅、1 个飞行团（飞机 168 架）、第 1 集团军和方面军直属部队各一部，共计 14.8 万余人，约占华北日军的二分之一，并在第 11 集团军、第 13 集团军各一部配合下，以攻占平汉铁路（北京—汉口）南段为目标，向郑县（郑州）、洛阳地区发动进攻。这是日军在中国战场上发动的规模最大也是最后一次疯狂行动——豫湘桂战役，而豫湘桂战役的第一阶段便是豫中会战。

而中国守军方面，第一战区司令长官蒋鼎文指挥 8 个集

抗日英雄
李家钰

团军 1 个兵团共 17 个军约 40 万人，在第八战区和空军（飞机 156 架）各一部支援下，以第 28 集团军依托黄河南岸即设河防阵地抗击日军。

　　1944 年 3 月中旬，日军不断向黄河以北增加兵力，并且将中牟附近的黄河大铁桥进行修复，日军南渡的企图进一步暴露出来。两年多以来，第一战区与日军的长期对峙，并无大的战事，但此刻突然传来了火药味。于是，蒋鼎文在洛阳紧急召开了军事会议。然而，并未察觉日军的战略意图，只是简单地判断了敌人将发动一次进攻，而对日军的南渡企图并未进行深入的分析，他只是要求将各军军官家属及笨重行李、重要文件等尽快转移到后方，但未做出更多的应对敌军的部署，没有决定如何对付敌人，更没有对部署做出丝毫的变更或者加强。

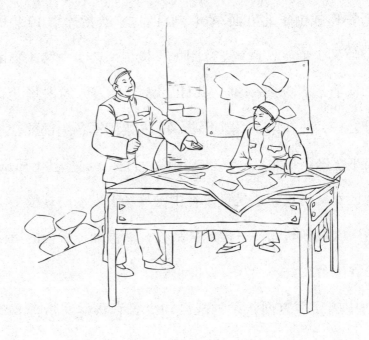

在会议上，李家钰提出了"先发制人"的战略对策，他认为："既然已明确判断敌军将向我军发动进攻，那么，与其坐以待毙，莫如先发制人，应立即出动飞机轰炸敌人在黄河铁路桥南端的北邙阵地，拔掉敌人向南岸进攻的桥头堡，然后，再以一部兵力杀向黄河北岸，牵制日军，打乱敌军部署，变被动迎战为主动出击。"

但是，李家钰的这一"先发制人"的主张没有得到蒋鼎文的重视。在蒋鼎文看来，日军与我军在黄河对峙已长达三年之久，而且我军筑起的"血肉长城"已经固若金汤，可以成功地牵制日军，令日军举步维艰，因此，没有必要再调整第一战区的防线，更不必慌忙地四处出击，只要稳坐钓鱼台就行了。

事实上，这道"血肉长城"存在很大的弊端，李家钰在向部下传达洛阳会议指示时说："我们虽然强大，但在配备上，没有涉及细部，没有重点，重兵迭次分配在黄河岸边，后方几乎无机动兵力。而且一切部署，都要经过上级决定，才敢行动。这样的遥控部署，没有灵活性，将来也难免有胶柱之虞。"类似的想法他也曾向上级表达过，但都没有得到重视。

更要命的是，国民政府中央军事委员会也出现了错误的判断。长期以来，前线部队出于要兵、要粮等目的，普遍提供夸大失实的情报，造成军委会的不信任。在此次战役之前，军委会也曾得到一些日军准备进攻河南的情报，但并未给予足够重

抗日英雄
李家钰

视，即使在日军已经从黄河北岸发动攻势的初期，仍然认为这只是规模有限的局部攻势，不会造成战略影响，所以，也并未作出应有的迎战部署。

1944年4月17日晚11时，日军第12军第37师团从东、西两个方向迂回夹击中牟守军第27师。而中国守军麻痹大意，负责河防的哨兵当时正聚在一起打牌赌博，就这样被日军悄无声息地端掉了。战斗打响后，守军仍然掉以轻心，只向洛阳的蒋鼎文发去了一份无关痛痒的电报："今晚，敌人在中牟渡河，现在只有百余人，正同我军战斗中。"而蒋鼎文也没有仔细分析当前的形势，只是厉行公事地通知各部：注意警戒河防。

日军非常容易地便实现了他们的作战目的，18日凌晨2点，日军占领中牟镇。拂晓，日军第12军主力各兵团，迅速从中牟一带渡过了黄河，负责河防的中国守军一触即溃，大批日军如同黄河之水汹涌而下，"血肉长城"东线危急万分。

李家钰时刻关注着战事动态，此时，他再次向指挥部提议，派空军轰炸日军北邙山阵地，以阻止日军渡河，但洛阳司令部答复说，重庆方面已经请求盟军（美国）派飞机来，但盟军要求我方提供北邙山敌人的防空情报，而我方从未搜集过相关信息，临时又搜集不好，所以无法实现轰炸，反攻的时机又一次被耽误。

4月18日至20日，敌军一个师团连续三天从洛阳北面发

抗日英雄小故事

动进攻，然而日军此举仅是佯攻，意在吸引防军的注意力，他们的真实目的是要掩护主力从东线过河。过河之后，日军开始了对千年古城郑州的疯狂进攻。19 日清晨，日军第 37 师团一部推进到郑州开始攻城，至 20 日，又有两个师团赶到，守城的第 4 集团军的第 38 军、第 96 军与之展开血战，郑州瞬间变成了血肉横飞的鬼城。

第 38 军是一支出了名的抗日劲旅，他们坚守着郑州北城，苦战两天两夜，城下日军的尸体堆积如山，城上第 38 军的将士们前仆后继，日军 3 个师团被死死地钉在了郑州城下。21 日，日军避开第 38 军坚强防守的北面，转而以强大的坦克群阵势和骑兵部队突破了东线的第 96 军阵地，郑州城顿时全线震动。守军恐怕遭到敌军的歼灭，奋力向西突围，郑州失守，"血肉长城"垮掉了一大半。

郑州失守后，日军一路发起猛攻。4 月 21 日，新郑、尉氏、广武、汜水、荥阳失陷。24 日，密县失陷。5 月 1 日，许昌失守。3 日，禹县、襄城失陷。4 日，临汝失陷。此后，登封、宝丰、叶县等相继失陷，直至 5 月 9 日，南下日军与信阳北上日军在确山会师，至此，日军打通平汉线南段的目的得以实现，战斗进入第二阶段。第二阶段日军最主要的目的就是要继续消灭中国守军主力，而首要目标就是在洛阳的蒋鼎文部主力。在此之前，蒋鼎文害怕被日军包围，已于 5 月 6 日乘坐最后一班列车从洛阳撤到了新安。蒋鼎文本来幻想着"血肉长城"能够阻挡日军的攻势，但却事与愿违，"血肉长城"的瞬间崩溃令蒋鼎文方寸大乱。此时蒋鼎文带着指挥部逃之夭夭，而聚集在洛阳的守军此刻群龙无首陷入恐慌，没有指挥部，守军毫无办法，顿时陷入一片混乱之中。大家此时能考虑的就是如何才能避免全军覆没，根本无暇顾及坚守阵地和发起反攻的问题。这样的守军能守住祖国河山吗？

其时，李家钰的第36集团军总司令部就在新安县古村，距蒋鼎文在新安的临时指挥部不远。5月8日早晨，李家钰驱车赶到临时指挥部，见到了蒋鼎文。当时，新安城附近有一个窑洞，洞中有三间屋，蒋鼎文独自住一间，终日守着电话，非常焦躁。蒋鼎文决定增派一支游击队去支援防守洛阳的孙蔚如，要李家钰帮他转电话给孙蔚如。李家钰与之讨论了几个钟头，也没有结果，两人都非常恼火。蒋鼎文要李家钰派自己手下一支游击队去支援孙蔚如，但李家钰认为此时我军已处于被动，错过了"先发制人"的先机，此时增援是亡羊补牢，为时已晚，应该重新斟酌应对敌军的策略。同时李家钰指责蒋鼎文这种临阵脱逃的行为有辱军人的身份，非军人之所为。

其实，李家钰的愤懑由来已久。早在1942年，第14军军长陈铁就曾对李家钰抱怨：像汤恩伯、胡宗南这样的嫡系部队，要钱有钱，要武器有武器，而我们这样的部队，办法就很少。

李家钰抱着救国之志出川抗战，然而川军在国民党军队中最穷的，常常受到自己人的无端刁难，李家钰自己也不得以认定自己是一支杂牌军，非常愤慨。

5月10日，日军冲溃了孙蔚如的第4集团军汜水、崇山防线，新安面临着被东西夹击的危险，情况危急。然而当天夜里，蒋鼎文又一次惊慌而逃，从新安向西南撤退，退到洛宁。却在途中碰到敌军的装甲部队，于是蒋鼎文又不得不继续西进，一直到了绵亘于豫西的伏牛山中。撤退途中，蒋鼎文与大部队失去了联系，下达的命令并未及时传达。而这一日，驻守新安的李家钰等人正在焦头烂额地考虑着下一步对日军的作战策略，浑然不知蒋鼎文已经逃离。

5月11日早晨，蒋介石亲自从重庆给李家钰打来长途电话，说："新安以东的部队还有很多，敌我态势尚未明了。此番我已经离开新安，司令部应立即移驻新安铁道以南地区，你要就近照料，并且要利用电话连线，保持随时通话，以便接收转达我的命令。"直到这时，李家钰等人才知道蒋鼎文已从新安撤走，心中怒火中烧。上午8时许，李家钰接到了蒋鼎文专门派人送来的密码命令，令第36集团军以一部暂留河防，抽调主力打击渑池之敌。

## 第三节　多军"会师"翟涯

　　此时，李家钰手中的可用之兵已经很少了，第36集团军名义上虽下辖三个军，但在这次战役前不久，下辖的第14军和第17军都被调往别处，李家钰实际上只能掌握着他从四川带出来的第47军。而第47军只有两个师，如今又被分开，而且又是人困马乏的时候，不论是进攻还是防守都陷入艰难的境地。根据蒋鼎文的命令，李家钰又分析了当前的战场形势，最终决定命第178师布防于新安以南、新宜公路两侧地区，占领阵地，并确实控制该路；并令第104师开赴渑池一带占领阵地，和友军配合，对渑池之敌进行痛击。

　　1944年5月11日，日军攻到洛阳东郊，并以一部兵力从洛阳北面穿插，并于12日到达洛阳西边重镇新安附近。至此，蒋鼎文认为"固若金汤"的"血肉长城"从东至西全线崩溃。日军向洛阳外围防御阵地发起进攻，李家钰在新宜公路一带与来犯之敌相遇。由于兵力上的不足，再加上武器上的落后，致使李家钰在与日军的交火中完全处于劣势，李家钰只能带着部队边打边撤。苦苦支撑了一天之后，日军的后续部队源源不断地赶来，我军的大片防区丢失。坚持到5月15日，李家钰在新安一带已腹背受敌，疲惫之师再无力抵抗。李家钰带领集团军总部和第 178 师向豫西山地转移，希望甩开敌人，以图再举。

而在渑池，最先赶到前线的第 104 师吴长林团与日军率先交火。吴长林坚守在云梦山，与敌人鏖战了一天一夜，虽然全团伤亡 900 余人，但却阻碍了日军东窜进程，为后方部队的撤退争取了宝贵的时间。李家钰撤至新安以南时，他便派 178 师 532 团团长彭仕复率部打开铁门一带通路，掩护友邻部队孙蔚如第四集团军安全后撤。

14 日下午，渑池日军 200 余人迂回至河上沟，袭击 532 团团部，上校团长彭仕复亲自带领士兵向日军冲杀，大声疾呼："弟兄们，这是打国战，是我们报国的时候，我们要克尽军人的天职，奋勇杀敌！杀呀！"此役中彭仕复团长壮烈殉国，时年 43 岁，团部 20 余人，除一位副官杀出重围外，都为国捐躯。

随着日军后援的增加，李家钰马上令该团撤下，与总部汇合。西撤开始后，李家钰收集部属，第 104 师、第 178 师相继到达。李家钰首先开始清点各师团官兵的死伤人数，对伤员进行及时处理，并命军需人员携带现款前去安抚受伤官兵，向士兵们许诺：重伤的每人发一千元，轻伤的每人发五百元，并组织伤员转移到后方接受治疗。同时，李家钰将军还给抗战负伤的士兵们颁发了"抗战到底"陆军第四十七军负伤士兵奖章，士兵们都以此为荣耀，深受鼓舞。但很多士兵都不愿意离开前线，便谎称自己伤势并不严重，希望能够留在前线杀敌报国。

李家钰见此，便采取强硬手段，将士兵受伤的程度进行分类，伤重的就算士兵自己不愿意，李家钰也强行将其送回后方接受治疗。而伤情较轻的士兵，便让卫生员对其进行包扎处理，继续留在战场上与敌抗衡。有个连长在云梦山战斗中断了一条腿，拄着根树枝走到李家钰跟前，哭着说："司令，我不要钱，我

不离开你，我要打日本人！不要看我腿打断了，我手还好着呢，还可以拿枪，我还可以打仗，就算死我也要死在战场上！"这便是李家钰的兵！李家钰很感动，他对官兵们说："兄弟们，我们在云梦山打了一场硬仗，虽然我们失去了很多兄弟，但我们也打死了不少日本人，这说明日本侵略军并不可怕。如果我们不打那一仗，恐怕战区所有的部队都当上日本的俘虏了！"胜败乃兵家常事，面对如此局面，将士们并没有因此而气馁，

反而在李家钰的鼓舞下更加坚定了抗战到底的决心。

经过一夜的休整，16 日清晨，天还没有完全亮起来，李家钰率领将士们继续西撤。一路上李家钰尽量避开日军防区，专拣山间僻静而且有树木遮蔽的小路行军，以避免与敌军正面相遇。由于士兵多数负伤，而且有的士兵因为伤口发炎而有轻微的发烧症状，李家钰不得不减缓行军速度。李家钰最终还是同意了之前那个在云梦山战斗中断了一条腿的连长继续跟队作战，有事遇到难走的山路时，李家钰还专门派了两个士兵去帮助他。一上午的行军并没有走出多远，但发烧的士兵却越来越多。不得已李家钰只能暂时停止行军，稍作休息。李家钰请来随军的卫生员对发烧的士兵进行检查，在确定士兵没有大碍之后，李家钰下令全军休息一个小时，同时令炊事班给全军熬了一些姜汤，以防止更多的人发烧感冒。经过这一个小时的观察，士兵的发烧得到了有效的控制，而且中午太阳也出来了，这样的天气更加有利于士兵的恢复。在对每一个士兵都进行亲自询问并确定伤员身体能够经受住行军的辛苦之后，李家钰才下令全军继续撤离。在李家钰问到一个小伤员时，小伤员见总司令亲自过来慰问，有点激动，又有些害羞，紧张地说不出话来。李家钰亲切地对他说："你的伤好些了吗？不要紧吧？没有发烧吧？有什么地方不舒服的，一定要向上级报告，知道吗？一定要好好养伤，养身体，只有这样才能杀更多的日本鬼子。"

小伤员听了很受鼓舞。

5月16日下午，李家钰一面选择全军撤离路线，一面照顾受伤士兵，军队边歇边走，十分辛苦。然而却在这时遇上了敌人的侦察兵，好在侦察兵人数不多，李家钰凭借多年抗战经验，在没有耗费多少弹药的情况下便将侦察兵消灭掉了。但之后的行军，李家钰变得更加小心谨慎，因为侦察兵的突然消失必然会引起敌人的注意，而且很有可能遇上其他的敌军队伍。

夜深人静的夜晚，本来应该是人们休息睡觉的时刻，但此时的李家钰的部队却在黑暗之中小心地前行着。为了把白天耽误的路程补上来，李家钰带着大家在微弱的月光下行进。不能点火把，黑暗之后火光会暴露自己，只能借助月亮发出的惨白的光。好在一下午和一晚上的行军都比较顺畅，没有遇到什么敌人，在午夜12点的时候，李家钰才下令停止前行，全军才得以休息。

5月17日一早，李家钰又带着他的部队上路了。太阳越升越高，光线越来越强烈，李家钰终于带着他的部队历经艰辛来到渑池以南一个叫做翟涯的小镇。然而却与撤退的第14集团军副总司令刘戡、第14军军长张翼鹏、第8军军长胡伯翰、暂4军军长谢辅三等将领在这里不期而遇了。一时间，这个平日非常宁静的小镇变得嘈杂起来。士兵初见时还非常友好，相互寒暄几句，但到了吃饭的时候，柴火引起相互之间的矛盾和冲突。

吃午饭的时候，各自集团军或者军部的炊事员都在忙活着各自军队的午餐。尽管食物是各自携带的，但柴火之类的却只能就近取材。如今翟涯小镇聚集了这么多的军队，柴火自然变成了抢手货，几个士兵之间往往因为抢夺一根柴火而大打出手。这事迅速传到了李家钰等首长的耳朵里。

## 第四节　川军自愿殿后

1944 年 5 月 17 日，第 14 集团军副总司令刘戡、第 14 军军长张翼鹏、第 8 军军长胡伯翰、第 4 军军长谢辅三、第 36 集团军总司令李家钰等率领的 3 个集团军总部和 4 个军部先后来到渑池以南的这个小镇上。翟涯这个小镇一下子聚集了这么多的部队，显得十分拥挤，而又是在日军追击的危急时刻，小镇的空气也一下子变得紧张起来。将领们都急得焦头烂额，士兵们也都感到十分焦急，如果大家都这么在翟涯挤下去，等日军追过来，就会被日军全部歼灭，处境非常危险。就算日军一时半会儿追不过来，这样一个小镇也不能容纳这么多部队在这里休整，难免会发生碰撞摩擦，中午发生的事就是最好的例子。于是，将领们决定紧急召开一个临时会议，以商定今后的行动。

夜里，在紧张而凝重的气氛中，会议在第 4 军军部一个简单的房间里召开了。大家都认为，如果以现在这样庞大的队伍继续撤离，无疑需要一个有威慑力的人统一指挥。毫无异议地，大家一致推选李家钰将军统一指挥大家继续西撤。如此危难时刻，李家钰当仁不让，迅速判断了当前的形势，说"就现在的情况来说，我们需要商讨的主要问题是我们应该以什么样的方式和路线进行西撤。倘若这么多部队一起撤退，部队混乱，必然会产生很多障碍，行动必然迟缓，指挥也非常困难，大家只能分头行动。但如果明天仍继续西进，那谁愿意为大家殿后？"李家钰将军话音刚落，会场一下子安静下来，大家你看看我，我看看你，都很有默契地低头默不做声，空气似乎也凝结了一般，让人呼吸都有点儿困难。大家都心知肚明，殿后是最危险的，殿后就意味着死亡，谁也不愿意做这个替死鬼。

　　时间就这样在众人的沉默中慢慢流逝着，然而时间每过去一分，情况就变得更糟糕一些。见此情形，李家钰想起当初那么豪迈地出川抗战，许下那么多豪言壮语，想起这么多年在河南与河南的老百姓们同甘苦、共进退，他义愤填膺，当众表态："吃了河南老百姓4年饭，现在不能见了日本人就跑！否则，我们怎么对得起百姓！日本人有什么可怕的？他们来了，我们就同他打。我们川军愿殿后！"李家钰的这一番话，令在场的各位将领都感到有些羞愧。尽管在不同的防区，但大家都在守护着中国的土地，都是为了打击日本侵略者，但在这种危难时刻，却几乎没有人愿意牺牲，这不能不说是中国守军屡屡受挫失败的重要原因。

就这样，川军成为了此次西撤的殿后部队，要留守到最后，要尽全力掩护其他部队安全撤离，牺牲小我顾全大我。

对于李家钰将军的决定，虽然大家都知道"殿后"意味着什么，但李家钰将军的部下没有一句怨言，甚至很多人支持李家钰的决定。现在跟着李家钰的这些部将多是李家钰在四川时就跟随他的老部将了，他们跟随李家钰多年，他们深知李家钰的品性，在李家钰的培养熏陶下，他们早已将生死置之度外，把抗战当作生命的全部，就算死也要死在战场上！李家钰并不愿意兄弟们跟着自己丧命，但作为军人，个人生死已经变得不那么重要。李家钰对大家说："弟兄们，你们跟随我李家钰这么多年，打了不少胜仗，也流了不少血，都是铁骨铮铮的汉子，我敬佩你们！今天我当众表态，我们川军自愿殿后，我没有征询大家的意见，所以，我也尊重大家的选择，自愿殿后的就跟着我一起，不愿意的，可以跟着其他部队一起撤离。"话音刚落，将士们便如同事先说好了一样，齐声高呼："我们誓死追随司令！"李家钰十分满意地点点头，接着对大家说："我们川军不需要别人的赞美，只要自己对国家、对民族、对抗战问心无愧就够了。现在，我们已

经不仅仅是第 47 军了，我们代表了整个川军！我们要拿出魄

力来，不能让其他人小看了我们川军！"整个国民党军队中，

川军可以算是最穷的一支，但他们作战勇猛，一心为国为民，

坚持抗战到底。

　　当时的决定实际上就是第 47 军命运的决定，自决定殿后

开始，第 47 军所有的人的生命几乎都进入了倒计时的状态。

但从军官到士兵，都没有畏惧这即将到来的死亡，反而，因

为不畏惧死亡，敌人一下子就变得渺小了。有一个年轻士兵

在给家里的信中这样写道："爹、娘，你们在家还好吗？从

小我就调皮，没少惹你们生气。自从跟了司令打仗，你们都

说我长大了，懂事了，可是我却不能在身边照顾你们，也没

时间讨个媳妇生个一儿半女，让您老好高兴高兴。爹、娘，

你们放心，等这次仗打赢了，我就回来陪着你们二老，让你们享享清福。"士兵在信中没有提到这次作战的险恶，他给父母留下了最美好的承诺。当士兵的父母收到这封信的时候，士兵年轻的生命已经永远地交给了秦家坡，而他的父母还在家中守望着儿子的归来。

这天夜里，第47军大多数人都无法入眠，他们想起了家乡，想起了亲人，想起了年幼时父母温暖的怀抱。

## 第五节　黄呢装鼓士气

5月18日清晨，按照昨夜商定的结果，各部陆续开始西撤。刘戡去找蒋长官，走靠南的路；胡伯翰走靠北的路；李家钰只有选择介于两路中间的一条。为了缩小目标，不让日军轻易发现，李家钰自己带领着集团军总部，又将第47军两个师分开行军，这样可以避免出现全军被歼灭的可能。走了不久，孙蔚如的部队也从新安一带撤了下来，正好与李家钰相遇，李家钰便将昨晚开会的内容告诉了他，然后两军继续向西行军。只不过孙蔚如部先行一步，李家钰部队继续执行着殿后的重大使命。

李家钰部队走了最糟糕的路线，天上又下着雨，道路泥泞不堪，行军非常迟缓。经过一天的行军，李家钰的部队并没有走得很远，又到了夜里，道路难以辨清，加之士兵们疲惫不堪，李家钰决定先找个地方休息一下，天亮再作打算。

夜里，李家钰无法入睡。想起征战这么多年，无法照顾家中老母及妻儿，感到十分愧疚。想起父亲临终时的遗言，李家钰更是感到十分亏欠。曾经那么信誓旦旦地向父亲承诺一定要考取功名了却祖父的心愿，却因战争而无法实现。但此时的李家钰并不知道，就算他没有考取功名，但他还是实现了要让李家光耀门楣的诺言。昨天的读书娃，成为了明天的大英雄。

19日，李家钰获得了日军在陕县渡过黄河的情报。日军的攻势越来越强，中国大部分地区都沦陷了，国家危矣！李家钰亲眼看到了中国大片土地一步步沦陷日寇手中，心中悲痛万分，一心杀敌报国却得不到上级的重视，败仗连连。

自豫中会战开始以来，中国守军接连败退，士兵的情绪都很低落，再加上连日的饥饿和劳累，个个都像丧家之犬，毫无军人的威严可言。为了鼓舞士气，李家钰召集大家来谈话，讲到动情之处，他甚至痛哭流涕，"我李家钰一生身经百战，未有丢盔弃甲之惨状！今日溃败若此，有何脸面再见蜀中父老和全国百姓！然而，至此存亡关头，凡有爱国之志、爱家之心、誓死消灭日寇者，随我前进。我部殿后，要在后面不断侧击日军，阻止日军入潼关，威胁陕西！"在场的官兵们都深为感动，纷纷表示愿意追随李家钰将军同生死共进退。

为了保持中国军人的尊严，同时提升士兵们的士气，李家

钰身上穿了中国高级将领的黄呢军装，脚穿长筒军靴，头戴军帽，尽管个子不高，却自有一种军官的威严在那里。李家钰带领着总部人马继续前行，遇山爬山，遇水过河，总的来说一路还算顺利。虽然队部经过长途跋涉，已经是人困马乏，但总部士兵个个都精神振奋，长时间行军却无一人落后。

20 日，李家钰率领部队到了河南陕县西的一个叫作石原村的地方，村民们在得知李家钰部队忍饥挨饿艰难行军多日后，都纷纷拿出自家的粮食给李家钰部队充饥。至此，李家钰队部的军官和士兵们才得以饱餐一顿。

为什么村民们会对李家钰部队这么好呢？原来，李家钰曾经在石原村驻守过一段时间，他爱民如子，当地的百姓都认得他。对于当时的中国守军，百姓都很害怕，怕被抓去当壮丁，怕粮食被抢走，见了就躲。李家钰初到石原村的时候，村民们也很害怕他。然而，李家钰跟其他人不同，他没有抢粮食，没有抓壮丁，有时甚至是把自己部队的粮食分给家庭困难的人家。当地的百姓也都很支持和爱戴李家钰的部队。这次李家钰再次来到石原村，百姓们都来看望李家钰，见李家钰部队没有了往日的神采，在得知情况后，乡亲们便把自家的粮食拿出来，让士兵们吃上一顿饱饭。

下午，李家钰经联络参谋得知，高树勋的第 36 集团军就在不远处。李家钰找到高树勋并告知几天前在翟涯商定的川军殿后的决定，要求高树勋带领第 36 集团军连夜撤离，而李家钰部队则留下来与敌人周旋。当晚，李家钰命令疲惫至极的将士们在东姚院附近的山路上好好休息，并安慰士兵说，"就当是在四川一样，好好睡一夜，明天连吃两顿饱饭。"当时留在他身边的官兵，大多是他的四川子弟兵，很多还是他组织的群益社的成员，关系非常亲密，而如今，谁曾料想到，将军允诺的这两顿饭，永远都不能兑现了；而他们之中又有多少人要将自己的忠骨埋在他乡！

当时，李家钰的大儿子正在成都高琦学校读书，李家钰要求他每月用毛笔小楷给前线写信，汇报家里的情况和兄弟姐妹的学习情况。几天前，李家钰便清楚地知道，面对敌人的强大攻势，我军将面临的必是一场硬仗，随时有牺牲的可能，但他毫不畏惧，在给儿子的回信中写道："与敌决死，以完素志。"表现了坚决抗战、视死如归的精神。

# 第五章 英勇殉国

## 第一节 秦家坡殉国

5月21日拂晓，天边依稀露出了太阳的影子，随着渐强的太阳光，远处的枪炮声也由远及近，逐渐明晰起来。日出固然美丽，却不是欣赏的时候。李家钰心中突然闪过一丝不祥，也许明天，就不能再见到这样的太阳了。果然，日军追上来了！原来日军将军队分成了很多小分队，从不同的方向和路线追逐拦截中国军队，其中有一支小分队在昨日发现了高树勋所带部队的踪迹，一路跟踪而来，发现了他们的歇脚地，现在距离东姚院只有十余里了！

说时迟那时快，李家钰当机立断，立即下令变更路线，全军撤离，改走赵家坡头—西坡—双庙到南寺院这条路，便迅速带领所有士兵紧急行军。士兵们动作敏捷，立即集合整队站队完毕，在李家钰将军的带领下迅速按照新更改的路线撤离。尽管他们一路行动迅速，但行踪已经暴露了，而且敌人急追不舍，大批的部队正向这里汇聚而来，非常危险。

没过多久，李家钰发现军队前面西南方向的山坡上有异常情况，李家钰一面布置战斗，一面下令调整行军路线，迅速调转方向撤退。而正在此时，参谋长张仲雷发现行军路线很危险，便向李家钰建议："总司令，我们先看看路再走吧。"然而，在那样紧急的时刻，已经没有时间可以选择了，李家钰喝道："不必要看了，听命！"不等说完，枪炮声一浪高过一浪，身后已响起步枪声，不久，前面西南方向的山坡上也传来了密集的机枪声。张仲雷打算派两排士兵先占领坡顶，然后总部人员再上去，但李家钰忙说"不要，不要"，然后又对张仲雷说："派一个班的步兵上去，如果遇到敌人，只准打步枪，不准打手枪，若打手枪敌人必知我为高级司令部"。就这样，李家钰边打边撤，以"打蛇蜕皮"的方式一路辗转退到了张家河，此时士兵们已是疲惫不堪。第47军军长李宗昉派兵来保护李家钰撤退，李家钰严厉地拒绝了，说："不要！不要！迅速撤离，不要等我！赶紧走，离开这里！"

李家钰及集团军总部在张家河稍作休息，便开始攀登前面的山坡——秦家坡旗杆岭。山坡并不十分高，道路也不十分陡，但在这里，李家钰等一行人却有来无回，永远地沉睡在了这片土地上。这片他守护了四年，可以称之为"第二故乡"的土地上。

李家钰问向导："这条路是不是从张汴到后山联保的？"向导回答说："是！"李家钰说："即是通后山联保的路，那就是本地人运柴草的路，不是公路。"于是，李家钰派作战科长陈兆鹏担任行军尖兵，率领着一个尖兵排去前方侦察。然而，这里早就埋伏了伪装好的日军，但狡猾的日军埋伏在麦地里不动，有意不让尖兵排发现，让李家钰部队误以为这里是安全的，自己走入敌人设好的埋伏之中。

然而刚爬到山腰，情报员崔英便跑来向李家钰报告说："山上尽是一些戴钢盔的敌人，都伪装得很好，个个头上插有麦子，无法十分准确地辨认，不清楚他们究竟有多少人。请司令快走！"李家钰立刻意识到军队陷进了日军的埋伏圈。待李家钰正要传令全军提高警惕的时候，敌人的枪炮从山上打了下来。由于年高体弱，而且在之前的战斗中有受伤，李家钰是坐着滑竿上山的，因滑竿稍高，目标十分明显。出于多年的作战经验，李家钰机智警觉，发现情况有异，便迅速跳下滑竿，立即下令准备作战。然而此时的状况对我军十分危险：我军聚集在裸露的山坡上，一面是悬崖，另一面是敌人控制的范围，目标十分清晰，而日寇位于山头上，地理位置占据优势，我军想要逃跑都十分困难，情况万分危急！

李家钰让大家尽快隐蔽，令特务营连长屈治洲率全连占领阵地，准备与日军决一死战。但部队所剩人数不多，而且武器装备也只有轻武器，而日军无论从人数上还是武器装备以及地理位置上都占尽优势，每一个战士都要拿出视死如归的气概来应对这场决死之战。突然间，只见麦地里的日军都站了起来。敌人居高临下，占据高地进行丧心病狂的密集扫射和轰炸，将李部军队冲散得七零八落，浓密的枪炮声响彻山谷。走在前面

抗日英雄
李家钰

的警卫营副营长李井治带着连长秦树西、唐克俊及士兵举枪还击，唐克俊中弹身亡。李家钰边走边指挥："弟兄们要沉着，找有利地形抵抗日寇，不要怕，死在战场上的个个都是英雄！"

总部向山坡下撤退，但遭到了日寇机枪的扫射，伤亡众多。而李家钰身着黄呢军装，色彩鲜明突出，成为日军攻击的重点。李家钰左躲右闪，避开了几粒向他飞过来的子弹。但李家钰再怎么勇猛，也架不住敌人如此强劲的攻势。枪林弹雨中，李家钰肩中敌枪榴弹破片，他忍着剧痛命令将士们勇猛杀敌，坐在麦地上掏出钢笔打算在随身携带的笔记本上写作战命令。然而才写了两个字，李家钰头部又中了敌人一枪，李家钰在麦地上挣扎了一下，便无法动弹了。日军的枪炮没有停止猛烈的攻击，此时的李家钰身上已是千疮百孔，他倒在了这片他辛苦守卫了四年的土地上，永远地睡着……这一刻是 1944 年 5 月 21 日下午 2 点 10 分。

这位英雄就此沉睡，在中国抗日战争的历史丰碑上留下了他的名字。这是中国抗战以来继张自忠将军之后，又一位集团军总司令——川军名将李家钰将军，英勇殉国！

## 第二节　敢死队抢尸

李家钰阵亡后，他的部属冒死把他的尸体背到了一个水凼边上。他们不希望总司令在死后仍受到敌人枪炮的打击。

秦家坡旗杆岭的这一仗，战斗从早晨一直持续到薄暮十分方才停止。第36集团军可以说是全军覆没，上至总司令，下到普通士兵，仅仅只有两人生还。除了李家钰总司令外，第36集团军总部副官处长周鼎铭少将、步兵指挥官陈绍堂少将等，也同时壮烈殉国。

生还者中有一名通讯兵，他在李家钰将军殉国之时佯装死亡，用战友的尸体掩盖在自己身上，在战火轰隆、硝烟弥漫的情况下寻找机会逃了出来。他沿着乡间小路朝着李宗昉军长所走的方向一路狂奔，此时他的心里非常焦急，很希望脚下的路能够缩短再缩短，一个跨步就能到达李军长那里多好！通讯兵紧赶慢赶，最终追到李军长，来不及休息便去向李宗昉军长报告李总司令遭遇敌人埋伏不幸殉国的事情。当时李宗昉正在为与李家钰总司令失去了联系而焦急着，听到这样的噩耗，在场的将士们无不痛哭流涕，悲痛欲绝。

第47军军长李宗昉得知李家钰将军殉国之后，悲痛万分，立即组织了一支敢死队，杀往秦家坡抢救总部人员，抢回了李家钰将军的尸首。但这抢尸之战仍是一场硬仗。

太阳渐渐沉入西天，经过简单的整军，李宗昉命第104师师长杨显名率苟戴华营组成的敢死队疾驰前往秦家坡。敢死队刚到旗杆岭，首先映入眼帘的是没有尽头的殷红的血色以及遍野横尸，还有一些将士在苦苦支撑。昔日一起并肩作战的好兄

抗日英雄
李家钰

弟们，此时都静静地躺在夕阳的斜晖里，静静地，没有一点儿声息。将士们义愤填膺，一心想要为李家钰将军、为自己的战友们报仇，敢死队此时斗志昂扬，只等师长一声令下，便要将那些小鬼子打得屁滚尿流。然而现实却不容乐观，尽管双方人数上差不多，但是日军的武器装备较我方精良先进，攻击力极强，敢死队将士们只能勉强抵抗。身边不时有子弹呼啸而过，但将士们仍旧没有放弃。经过一番激战，敢死队将士们终于将已冲至坡地腹部地带的日军赶回坡顶。他们且打且进，寻找着还未断气的同胞以及李家钰将军的尸首。功夫不负有心人，他们终于在水凼边找到了李家钰将军的尸体。

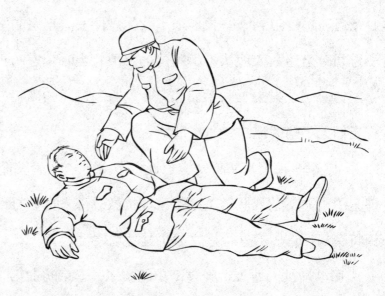

当敢死队将士们见到李家钰总司令的尸体时，大家都不忍心再看第二眼。李家钰满身都是枪眼，帽子上、鞋子上也都全是洞，原本的黄呢装已分辨不出颜色。李浩东等人抢回李家钰将军遗体，连夜运到灵宝县南的虢略镇装殓，一边装殓，一边都忍不住掉泪。全体官兵得闻噩耗，莫不痛哭失声，高呼口号：

"要为李总司令杀敌报仇！"

6月10日，中国共产党南方局机关报《新华日报》报道：《上月中原惨烈战役中，李家钰将军壮烈殉职》。"……李总司令以掩护友军转进，关系重大，不惜冒敌凶锋，亲率总部官员及特务连官兵，与敌反复冲杀，毙敌甚众。在猛战中，不幸头部中弹重伤，当即壮烈殉职。适时我在附近某部得报，即行驰援，将敌击退，夺回忠骸。现李将军灵梓并已运到西安，正向四川蒲江原籍启运中。"

## 第三节　将军的遗物

李家钰将军英勇殉国，举国哀痛，家人更是悲痛欲绝。而李将军给家人留下的只有两件东西：一件是他的遗笺，上面写有"男儿欲报国恩重，死到沙场是善终"的豪言壮语；另一件是他牺牲时穿的军装。李家钰将军殉国时，他的儿子李克林只有 13 岁，而如今已是一位白发苍苍的老者。李克林对于当年父亲"化作啼鹃带血归"的悲壮往事，依然记忆犹新。李克林说："我可以说一辈子不忘的、至今不忘的就是我的父亲的遗体，军装上面，血已经浸透了，满是枪眼还有炮弹打的。这个印象非常深刻，甚至布鞋上，很多枪眼，血淋淋的。"

1941年2月16日，四川省各界抗战前线慰劳团北路分团12人在分团长魏廷鹤的带领下，来到河南省陕县五原村36集团军总部驻地劳军。李家钰将军十分高兴，热情接待了各位家乡父老。一名记录员记下了当时的所见所感："离总司令部一里之遥的路边，我们会见了离乡四载，率四川健儿转战黄河两岸的李其相将军……李将军的神采焕发和态度亲切……给了我很深的印象。短短的身材，只穿了一套棉军服，未御大衣，更显出这位西蜀名将的精干矫健……我无意地看见李总司令的头顶前半部已光了，频年征战之辛劳于斯可见。要不是后来在灯光下，他那红润丰满的脸，神采照人，几令人有将军老矣之感。"李家钰将军与家乡父老一起亲切交谈，他倾听家乡的情况，并向他们讲述战场的风光，谈笑风生。

2月18日，在慰劳大会上，李将军依旧英风四溢，慨然说道："几年抗战，没有把敌人赶出国境，光复河山，倒使我们惭愧。……今后，我全部官兵，必须继续发扬此艰苦卓绝、杀敌卫国的精神，时时准备、刻刻奋斗，等到总反攻的时期到临，拼将热血，洗刷国耻，不灭倭寇，誓不生还！为吾川争光荣，为吾华争生存。才足以仰副七千万父老的期望，答谢慰劳团的盛意。"

慰劳会上，李家钰将军十分激动，还亲自书写条幅，以显示自己明誓死报国之志：

> 男儿欲报国恩重，死到沙场是善终。

此系清代诗人袁子才悼念在新疆平叛时殉国的鄂容安诗句，原句为："男儿欲报君恩重，死到沙场是善终。"李家钰改动了其中的一个字，把"君"恩重，改为"国"恩重，李家钰曾说："鄂容安是为报乾隆皇帝对他的厚恩而死战。可是在今天，我军两万余众在前线苦战，不惜战死沙场。我们要报效的是'国恩'，这个'国'，就是中华民国，也就是我们的祖国和我们的民族。这句诗，一则教育我的部下，再则与之共勉。"李家钰将军用他的一生证明了对家国天下的"男儿欲报国恩重，死到沙场是善终"的赤胆忠心。

李家钰将军逝世之后，他的灵柩被送回成都，人们在他的迎梓仪式上看到了这两件遗物。"男儿欲报国恩重，死到沙场是善终"的题字用深色边框装裱起来，存放在"遗笔亭"里。而在"血衣亭"内，陈列着李家钰将军壮烈牺牲时所穿的军帽、黄呢军装、衬衫、背心、短裤、袜子和一只布鞋。他的衣裳、裤子、帽子等上都是血迹斑斑，触目惊心，让人看到就觉得伤心难过，无不为之落泪。

每每看见父亲的遗物，李家钰的子女们便会想起父亲，想起年幼时父亲对他们的教诲。

李家钰在世时便要求子女"严于律己，吃亏是福，不当纨绔子弟"。每次吃饭，李家钰总是要求子女把碗里的饭菜吃干净，要是饭后谁碗里还剩有饭粒，便免不了受父亲的说教："要知盘中餐，粒粒皆辛苦。"李家钰还常用"吃亏是福"来教育子女，并告诉子女："为人处世一定不要贪小便宜、吃不得一点亏。如果这样，必就会以势压人，当纨绔子弟，为世人所痛恨，别人可能当面不敢说什么，但在背后一定要骂你们的。"有一次，他的子女要搭乘他的小汽车去看电影，李家钰有些生气，严厉地训斥道："汽车是我公务所用，现在抗日期间，汽油是外汇买来的，非常贵，一滴汽油一滴血，你们不要认为是大官的子女就特殊，要看电影走路去嘛，或者去街上自己坐车去。"

不仅如此，李家钰还要求子女要"勤勤恳恳读书，正正当当做人，踏踏实实做事"。虽然李将军军务繁忙，时常不在家，但他还是很关心子女的学习问题。如果考试成绩优异，必然会得到父亲的嘉奖。李家钰在前线的时候与家里的书信往来，都要求子女用公正的小楷来书写，而且在回信中还会指出子女们信中的错字。李家钰还要求子女在长辈和师长面前不能大声喧哗，要讲礼貌，衣着要整洁，行为要端庄。子女们对这个父亲是又尊敬他，又爱他，但又怕他。有时子女们也会在心头埋怨："我们是你的子女，又不是你的士兵，何必这么严格地要求。"但当子女们都长大了，便懂得了父亲的良苦用心，对父亲充满了感激。

## 第四节　颂其相将军

李家钰将军牺牲的噩耗传出来之后，举国哀痛，人们纷纷举办悼念活动，来纪念我们的英勇将领李家钰，抒发各自心中对李家钰将军深深的怀念与景仰。八年抗战中，中国军队编组为 40 个集团军，40 位集团军总司令中仅有两位殉国：一位是 1940 年在湖北英勇殉国的第 33 集团军总司令张自忠，而另一位就是第 36 集团军总司令李家钰。

刚一接到李家钰将军殉国的噩耗，李家钰将军的姐夫冯德成和他的二女婿董宪明便立即前往西安接丧。他们用汽车将灵柩由川陕公路运入四川，在新都县停留了一夜，第二天到达驷马桥昭觉寺，又在那里停留了 7 天，才将遗体用马车送入成都，自北门而入，经北大街、鼓楼街、春熙路绕道南大街、文庙后街从李宅后门而入，至此，李家钰将军才得以"回"到故乡。

对于李家钰将军坚持抗战、为国捐躯的高贵品质，社会各界纷纷予以高度赞扬。

国民政府主席蒋介石尽管对李家钰不积极"剿共"的做法很是恼火，但是对李将军的抗战精神还是很敬佩，并亲自发来挽联：

　　爱国绾军符，共济寸艰资右臂；

抗日英雄
李家钰

死后明战志，痛当河曲失干城。

成都行辕主任兼四川省政府主席张群引用南宋英雄文天祥的《绝命词》书写挽联，歌颂李家钰将军成仁取义的精神：

孔曰以仁，孟曰取义，一死遏横流，万里忠魂归故土；

上为日星，下为河岳，千秋传壮烈，九天灵爽佐中兴。

文天祥是南宋时期著名的民族英雄和爱国诗人，他一身浩然正气，坚持抗元。在成为战俘之后，他在狱中仍坚持斗争3年多，最后在柴市从容就义。他留下了"人生自古谁无死，留取丹心照汗青"千古名言，为世人所称道，名垂千古。《绝命词》是他在就义前所写：

孔曰成仁，孟曰取义，唯其义尽，所以仁至。

读圣贤书，所学何事？而今而后，庶几无愧。

四川各县旅省同乡会联合办事处也发来挽联，将李家钰将军的壮举与郭子仪、诸葛亮的功德相提并论：

为民族争光荣，与国家争存亡，前敌声威资坐镇；

比汾阳之勋业，继武侯之遗志，全川父老望旌旗。

当时，著名爱国诗人柳亚子先生在听闻李家钰将军临危不惧、壮烈殉国的英勇事迹后，非常愤慨，赋诗《挽李其相上将》，悼念忠魂：

万里中原转战来，前师忽报将星颓。

归元先轸如生面，化碧苌弘动地哀。

军令未闻诛马谡，思论空遣重曹丕。

灵旗风雨无穷恨，丞相祠堂锦水隈。

柳亚子先生的诗将李家钰将军与中国历史上的先轸、苌弘、诸葛亮相提并论，表达了对李将军壮烈牺牲的悲痛与对其高尚品德的颂扬，同时也暗暗宣泄了对国民党的不满。先轸是春秋时晋国卿大夫，我国古代著名的军事将领，以谋略见称，在城濮之战与崤之战中屡立战功。相传，先轸在狄军攻打晋国时脱下头盔入狄军中箭身亡，狄人把他的头颅送还回来时，他的面色还和活着的时候一样。苌弘，周景王、敬王的大臣刘文公所属大夫，因为在晋卿内讧中帮助了范氏，被周人所杀。传说他死后，他的鲜血化为碧玉，感天动地。而李将军出川抗战却未能见到抗战胜利的一刻，含恨而终，就像诸葛亮数次出川却未能平定中原一样，真可谓"灵旗风雨无穷恨"！

李家钰将军牺牲时，他的母亲熊淑贞仍在世，本以年迈体弱的老母亲承受着"白发人送黑发人"的悲痛。其时，李将军的儿女七人都还很年幼，大儿子李克林也只有 13 岁。李夫人安淑范更是悲痛欲绝：

马革裹尸还，是男儿得意收场，亦复何恨！

抗日英雄
李家钰

唯怜老母衰颓，养生送死，瞑目尚余难了愿；

鹃声啼血尽，痛夫子招魂不返，奚以为情？

犹若诸孤幼稚，衣食教诲，伤心空剩未亡人。

李家钰将军的老上司、川康绥靖主任邓锡侯主持了李家钰将军治丧委员会。李家钰将军的忠骸用汽车运达成都后，四川省政府和国民政府驻川各级机构、各界人士、群众团体联合举行了公祭和隆重的追悼会，并赠送了花圈和挽联，表彰李家钰将军坚持抗战的丰功伟绩和为国献身的爱国主义精神。

1944年6月1日，重庆《新华日报》发表《悼李家钰将军》的短评，对李将军热血报国的精神进行了热烈歌颂："中原大战，颇多进出，我军应加以检讨，总结教训，使战局能获得改进。然我战士英勇，李家钰将军在此役中杀敌殉国，是应受到全国尊敬的……我们哀悼李家钰将军抗战殉国，希望前线将士都抱卫国牺牲的决心，打出胜利的局面来！"

后又刊登《李总司令传略》："李氏讳家钰，字其相，四川蒲江人，……本年五月初旬，敌寇西犯洛阳，李氏麾其所辖与敌搏战于新安附近地带，喋血兼旬，殆至二十一日，于陕县东南地区与敌主力相遇，氏以掩护友军转进，关系重大，不惜冒敌凶锋，亲率总部官员及特务营，与敌反复冲杀，毙敌甚众。在猛战中，不幸头部中弹重伤，当即壮烈殉职，慷慨成仁。"

同时，浦江县旅省同学会也在陕西街文化馆召开追悼李家钰将军的大会，到会人员共 200 多人。在追悼会上，人们深深感慨于李家钰将军卫国捐躯、功勋卓著，于是有人提议，大家联名签字，呈请民国政府将浦江县改名为"其相县"，以资纪念。此项提议经大会表决通过后，成都"新新新闻"报社发表了这个消息，李家钰的夫人安淑范婉言拒绝了这个意见，说："其相为国捐躯乃军人应尽之职，不以个人改变桑梓名称。"改县名一事便因此作罢。

6 月 8 日，李家钰将军出殡仪式在成都举行，李家钰的亲友同乡和四川各机关要员及成都各界团体、学校的负责人参加送葬，宪兵第二团、成都市警察局、成都警备司令部、四川省保安团等单位武装前后进行护送。李家钰将军阵亡时的血衣放在特制的"血衣亭内"，有李将军的马裤呢军服一套、呢军帽一顶、布鞋一双，由四人抬着走在送葬队伍的最前面。沿途所经街道，大小店面都关门歇业，同时陈设祭品，燃点香烛，祭奠忠魂。送葬车经过时，成都市民也都纷纷止步伫立在街道两旁，目送这位抗日英雄，以表达自己对李家钰将军的敬佩之情。送葬队伍途经西御街、盐市口、东大街、春熙路、总府街、南大街、老南门、武侯祠、刘湘墓园等地后，李将军的忠骸被安葬在成都市南郊红牌楼广福桥的"李上将墓园"里，如今仍在。

为弘扬李家钰将军的抗战精神，1944 年 6 月 22 日，民国

抗日英雄
李家钰

政府追认李家钰为陆军上将，并准入祀忠烈祠，并颁布对他的褒扬令，褒扬令这样写道：

陆军上将，第三十六集团军总司令李家钰，器识英毅，优娴韬略。早隶戎行，治军严整。由师旅长游领军符。绥靖地方，具著勋绩。抗战军兴，奉命出川，转战晋、豫，戍守要区，挫敌筹策，忠勤弥励。此次中原会战，督师急赴前锋，喋血兼旬，竟以身殉。为国成仁，深堪轸悼。应予明令褒扬，交军事委员会从优议恤，并入祀忠烈祠。生平事迹，存备宣付国史馆，用旌壮烈，而示来兹。此令！

1984年5月2日，中华人民共和国民政部给李家钰颁发了《革命烈士证明书》："李家钰同志在抗日战争中壮烈牺牲，经批准为革命烈士，特发此证，以资褒扬。"李将军的夫人和儿子代表烈士家属领取了证书。

李家钰将军生前曾在家乡和防区捐助修建了多所中小学，希望孩子们都有学上。李将军壮烈殉国后，他的夫人安淑范仍任浦江县李上将其相奖学金委员会主任委员，为家境贫寒的优秀学生提供帮助。

如今，李家钰将军抗日的英勇事迹并非人人皆知，但这一段历史我们不能忘。在北京卢沟桥抗日战争纪念馆、中国台湾省台北市忠烈祠都铭刻着李家钰上将的名字，成都市武侯区广福桥重修了李家钰陵墓，陵园中绿意盎然，入园便是一片郁郁葱葱的青竹与万年松，陵墓左侧则塑立着李家钰将军英武的大理石半身像。

川军在抗日前线上所表现出来的慷慨赴死之心，是包括李家钰将军在内的川军将士在一次次硬仗中用鲜血铸就的。抗战八年间，四川各地应征入伍补充到各个战区的川籍士兵就有 260 万人。据何应钦在《八年抗战之经过》一书的统计，在抗日战争中，川军累计阵亡 263991 人，失踪 26025 人，负伤 356267 人，伤亡人数占全国官兵伤亡总数的五分之二。

在李家钰将军殉国的 1 年零 3 个月后，1945 年 8 月，中国人民终于取得了抗日战争的伟大胜利。人民永远不会忘记英勇奋战的抗日英雄，李家钰将军永垂不朽！然而，现实总是那么残酷，李家钰的名字逐渐被世人遗忘。我们能够清楚地记得在抗日战争中英勇牺牲的集团军总司令张自忠将军，却忘却了这位与张自忠一样在抗战中壮烈殉国的另一位集团军总司令李家钰将军。而在抗战中牺牲的集团军总司令仅仅只有这两位，为什么会出现这样的情况？值得我们好好的反思。衷心地希望大家都能记住这个名字——李家钰！